गद्य-गगन

कालिकट विश्वविद्यालय, बी.कॉम. प्रथम सेमेस्टर के लिए पाठ्यपुस्तक

गद्य-गगन

कालिकट विश्वविद्यालय, बी.कॉम. प्रथम सेमेस्टर के लिए पाठ्यपुस्तक

सम्पादक

हिन्दी अध्ययन मण्डल

कालिकट विश्वविद्यालय, कालिकट

वाणी प्रकाशन

प्रकाशन के उत्कृष्टतम 60 वर्ष

vaniprakashan.com

पहला संस्करण : 2019
दूसरा संस्करण : 2022
तीसरा संस्करण : 2023

वाणी प्रकाशन

4695, 21-ए, दरियागंज, नयी दिल्ली-110 002

फ़ोन : +91 11 23273167, 23275710

शाखाएँ

अशोक राजपथ, पटना-800 004, बिहार

कॉफ़ी हाउस कैम्पस, महात्मा गांधी मार्ग, इलाहाबाद-211 001, उत्तर प्रदेश

महात्मा गांधी अन्तरराष्ट्रीय हिन्दी विश्वविद्यालय, वर्धा-442 001, महाराष्ट्र

36/ए, शेक्सपियर सरणी, रानी बिरला गर्ल्स कॉलेज के पास, कोलकाता-700 017, प. बंगाल

sales@vaniprakashan.in
vaniprakashan@gmail.com

Gadya-Gagan
Edited by Hindi Board of Studies, Calicut University, Calicut

ISBN : 978-93-88684-87-3

मूल्य : ₹ 75

आर. टेक ऑफ़सेट प्रिंटर्स, दिल्ली-110 032 में मुद्रित

वाणी प्रकाशन का लोगो मक़बूल फ़िदा हुसेन की कूची से

सम्पादक की ओर से

तकनीकी और वैश्वीकरण के इस दौर में जब मानवीय मूल्यों का तेजी से ह्रास हो रहा है, साहित्य की भूमिका बहुत महत्त्वपूर्ण हो जाती है। साहित्य हमें मानवीय मूल्यों के लिए सजग करता है और चीजों और परिस्थितियों को देखने का एक सन्तुलित, सम्यक् दृष्टिकोण प्रदान करता है। भाषा और साहित्य हमारी दृष्टि का परिमार्जन कर इन्हें संवेदनशील बनाते हैं और हम देश और समाज के लिए उपयोगी रचनात्मक और चेतनासम्पन्न व्यक्तित्व में ढल पाते हैं।

प्रस्तुत पाठ्य पुस्तक 'गद्य-गगन' का यही प्रयास है कि विद्यार्थियों को हिन्दी भाषा और साहित्य का ज्ञान देने के साथ ही उनमें जीवनोपयोगी मूल्यों, मानवीय दृष्टि और रचनात्मकता का संचार करे। पुस्तक में हिन्दी साहित्य के कुछ प्रतिनिधि हस्ताक्षरों की महत्त्वपूर्ण रचनाओं का बहुत ही सावधानी से चयन और सम्पादन किया गया है ताकि विद्यार्थियों को जीवन के विविध आयामों से परिचित कराया जा सके तथा उनके स्वविवेक और उचित निर्णय लेने की क्षमता को विकसित किया जा सके। पुस्तक में काका कालेलकर, मनोहर श्याम जोशी, मनीषा कुलश्रेष्ठ, रामवृक्ष बेनीपुरी, सुधीश पचौरी, चित्रा मुद्गल, प्रदीप पन्त, भगवतीचरण वर्मा जैसे कई कालजयी एवं आधुनिक साहित्यकारों की रचनाओं को संकलित किया गया है जो छात्रों को सम्यक्, सन्तुलित और रचनात्मक दृष्टिकोण प्रदान करने में सक्षम होंगी।

कालिकट विश्वविद्यालय, बी.कॉम. प्रथम सेमेस्टर के लिए संकलित एवं सम्पादित यह पुस्तक कालिकट विश्वविद्यालय के हिन्दी अध्ययन मण्डल के अनुभवी एवं सजग विद्वानों द्वारा बहुत ही परिश्रम से तैयार की गयी है।

पाठ्य पुस्तक को सुरुचिपूर्ण एवं शुद्ध रूप से प्रस्तुत करने का कार्य वाणी प्रकाशन द्वारा किया गया है। वाणी प्रकाशन की सम्पादकीय टीम का बहुत आभार।

हिन्दी अध्ययन मण्डल

कालिकट विश्वविद्यालय, कालिकट

अनुक्रम

आधुनिक हिन्दी गद्य विधाओं का विकास

हिन्दी साहित्य का आधुनिक काल गद्य युग कहलाता है। आधुनिक युग से पूर्व हिन्दी साहित्य में पद्य का प्राधान्य था। पाश्चात्य प्रभाव, मुद्रण कला के विकास और ज्ञान-विज्ञान के विविध क्षेत्रों में प्रगति ने आधुनिक हिन्दी साहित्यकारों को गद्य के विभिन्न रूपों में लिखने की प्रेरणा दी। ऐतिहासिक दृष्टि से आधुनिक काल से पूर्व हिन्दी गद्य लेखन के प्रयास ब्रजभाषा और राजस्थानी गद्य में मिलते हैं। फोर्ट विलियम कॉलेज की स्थापना, ईसाई धर्म प्रचारकों और आर्य समाज तथा ब्रह्म समाज के समाज सुधारों से हिन्दी गद्य के विकास में सहायता मिली लेकिन हिन्दी गद्य को सुनिश्चित दिशा और स्वरूप भारतेन्दु के आगमन से ही मिला।

भारतेन्दु हरिश्चन्द्र (1850-1885 ई.) ने 'कविवचनसुधा' और 'हरिश्चन्द्र मैगजीन' नामक पत्रिकाएँ प्रकाशित कीं। इन पत्रिकाओं के माध्यम से भारतेन्दु और उनके सहयोगी लेखकों पं. प्रतापनारायण मिश्र, बालकृष्ण भट्ट, बद्रीनारायण चौधरी 'प्रेमघन', लाला श्रीनिवास दास, पं. राधाचरण गोस्वामी एवं राधाचरण दास आदि ने विविध गद्य विधाओं में लिखकर हिन्दी गद्य के स्वरूप का निर्माण किया। 'बालाबोधिनी', 'प्रदीप', 'ब्राह्मण' इस युग की अन्य प्रसिद्ध पत्रिकाएँ हैं। इन पत्रिकाओं में अपने युग की आर्थिक-सामाजिक एवं राजनीतिक समस्याओं को आधार बनाकर इन रचनाकारों ने नाटक आदि परम्परागत गद्य-रूपों के अतिरिक्त कहानी, उपन्यास, आलोचना, निबन्ध, जीवनी, आत्मकथा आदि नये-नये गद्य-रूपों की रचना की।

हिन्दी गद्य के विकास में आचार्य महावीर प्रसाद द्विवेदी (1864-1938 ई.) का ऐतिहासिक महत्त्व है। द्विवेदी जी पच्चीस वर्ष तक सरस्वती पत्रिका के सम्पादक रहे। सम्पादक के रूप में हिन्दी गद्य की त्रुटियों और न्यूनताओं का परिष्कार करके द्विवेदी जी ने उसके स्वरूप को निखारा। हिन्दी गद्य को परिमार्जित करने में उन्हें जिन लेखकों ने सहयोग दिया, उनके नाम हैं : डॉ. श्यामसुन्दर दास, मिश्रबन्धु,

बालमुकुन्द गुप्त, चन्द्रधर शर्मा गुलेरी, अयोध्यासिंह उपाध्याय हरिऔध, माधव प्रसाद मिश्र आदि। नाटक, उपन्यास, कहानी आदि मुख्य गद्य-रूपों के अतिरिक्त कुछ नवीन गद्य विधाओं–जीवनी, यात्रावृत्त, संस्मरण, पत्रसाहित्य आदि को भी इस युग में विकास का अवसर मिला।

हिन्दी गद्य की विकास-यात्रा में प्रेमचन्द युग (1918-1936 ई.) का विशेष महत्त्व है। प्रेमचन्द के उपन्यासों और कहानियों ने कथा-साहित्य को यथार्थ की भूमि पर लाकर खड़ा किया। काव्य के क्षेत्र में यह युग छायावादी युग कहलाता है। छायावाद के आधारस्तम्भ जयशंकर प्रसाद ने अतीत के गौरवपूर्ण इतिहास को नाटकों, कहानियों और उपन्यासों को काव्यमयी भाषा में प्रस्तुत कर गद्य-भाषा को नया आयाम दिया। निबन्ध और आलोचना के क्षेत्र में लगभग इसी काल में पं. रामचन्द्र शुक्ल का अभ्युदय हुआ। उनके वैचारिक निबन्धों ने हिन्दी गद्य को उत्कर्ष की चरम ऊँचाई तक पहुँचा दिया। परवर्ती युग में जैनेन्द्र, यशपाल, आचार्य हजारी प्रसाद द्विवेदी, डॉ. रामविलास शर्मा, आचार्य नंददुलारे वाजपेयी, आदि की गद्य रचनाओं से हिन्दी गद्य को समृद्धि मिली।

छायावादोत्तर युग हिन्दी गद्य साहित्य की सर्वाङ्गीण उन्नति का युग है। अन्तर्राष्ट्रीय स्तर पर युद्ध की विभीषिका, भारत के विभाजन और स्वतन्त्रता प्राप्ति से मानवीय मूल्यों में तेज़ी से परिवर्तन हुआ। स्वातन्त्र्योत्तर युग में आस्था के विघटन, जीवन की जटिलताओं और परिवर्तित जीवन-मूल्यों को हिन्दी के गद्यकारों ने नये सन्दर्भों के साथ नयी भाषा में उकेरा। मोहन राकेश, जगदीशचन्द्र माथुर ने नाट्य साहित्य को नयी दिशाएँ दीं। लक्ष्मीनारायण लाल, गिरिजाकुमार माथुर, विनोद रस्तोगी आदि ने एकांकी के माध्यम से सामाजिक यथार्थ को अभिव्यक्ति दी। नरेश मेहता (यह पथ बन्धु था), निर्मल वर्मा (वे दिन), मन्नू भंडारी (आपका बंटी), कृष्णा सोबती (डार से बिछुड़ी) आदि ने अनिश्चय की स्थिति में डाँवाडोल होते हुए मनुष्य को अपने उपन्यासों का विषय बनाया। कहानी के क्षेत्र में इस युग में विशेष हलचल रही। साहित्यिक गोष्ठियों और पत्र-पत्रिकाओं के विशेषांकों में कहानी चर्चा का केन्द्र बनी। नयी कहानी, सचेतन कहानी, अकहानी आन्दोलन हुए। इस पीढ़ी के रचनाकारों–गोविन्द मिश्र, सिद्धेश, सुदर्शन नारंग, पानू खोलिया, ममता कालिया आदि ने संवेदना ही नहीं, रूपबन्ध के स्तर पर कहानी को नये आयाम दिये। शिवप्रसाद सिंह, विद्यानिवास मिश्र, कुबेरनाथ राय के निबन्धों ने निबन्ध कला को समृद्धि प्रदान की। व्यावहारिक और सैद्धान्तिक आलोचना, दोनों दृष्टियों से इस युग में डॉ. नगेन्द्र का योगदान अप्रतिम है।

युग की चुनौतियों अर्थात् भूमंडलीकरण, सूचनाक्रान्ति और उत्तर-आधुनिकता से उपजी नयी मानसिकता को कहानी, उपन्यास, एकांकी, आलोचना आदि गद्य-विधाओं ने तो रूपायित किया ही—रेखाचित्र, संस्मरण, यात्रासाहित्य, व्यंग्य, साक्षात्कार, रिपोर्ताज, इंटरव्यू जैसी गौण समझी जाने वाली विधाओं ने भी नये मुहावरे के साथ प्रस्तुत किया। रिपोर्ताज़ और इंटरव्यू लेखन तो इसी युग की देन हैं। हिन्दी गद्य विधाओं के विकास की यह गति असाधारण है।

निबन्ध

निबन्ध गद्य साहित्य की महत्त्वपूर्ण विधा है। जिसमें लेखक किसी विषय का स्वच्छन्द, सुसम्बद्ध, मौलिक एवं आकर्षक विवेचन करता है। निबन्धकार साधारण से साधारण विषय को भी मौलिक चिन्तन, तर्कसम्मत दृष्टिकोण द्वारा विवेचित करता हुआ पाठकों के समक्ष निर्णयात्मक निष्कर्ष प्रस्तुत कर देता है। निबन्ध विचारों और भावों की सुन्दर अभिव्यक्ति के साथ-साथ निबन्धकार के निजी, वैयक्तिक गुणों को भी प्रकाशित करते हैं। अतः निबन्ध एक महत्त्वपूर्ण गद्य विधा है।

निबन्ध शब्द अंग्रेजी के 'Essay' का हिन्दी पर्याय है। जिसका शाब्दिक अर्थ है—किसी विषय पर विचारों को सूत्रबद्ध करना, एकत्र करना, संचित कर संगठित करना आदि। विचार प्रधान रचना ही निबन्ध का अर्थ वहन करने में सक्षम कही जा सकती है। विषय का तार्किक विश्लेषण, रोचकता, सरसता, पाठकों से आत्मीयता, कलात्मक वैशिष्ट्य निबन्ध के प्रमुख गुण हैं। निबन्ध विधा का विकास आधुनिक युग में हुआ। संस्कृत साहित्य में निबन्ध बौद्धिक अभिव्यक्ति का माध्यम भर थे। निजी अनुभूति, सहजता, स्वच्छन्दता, प्रभावान्विति जैसे गुणों का इनमें अभाव था। आधुनिक युग का निबन्ध साहित्य इससे सर्वथा भिन्न है। किसी भी विषय पर व्यक्तिगत विचारों को अभिव्यक्ति प्रदान करते हुए निबन्धकार स्वच्छन्द चिन्तन द्वारा विषय के प्रतिपादन में नवीनता लाता है। किसी भी विषय पर निबन्ध रचना की जा सकती है। यथा—सुधारात्मक प्रवृत्ति प्रधान, समीक्षात्मक, भाव प्रवण, राष्ट्रीय चेतना प्रधान, मनोविकारों सम्बन्धी। सुगठित कलेवर में शृंखलाबद्ध ढंग से विवेचन कर निबन्धकार श्रेष्ठ निबन्धों की रचना कर सकता है। संस्कृत की इस उक्ति कि—'गद्य कवियों की कसौटी है।' पर आचार्य रामचन्द्र शुक्ल का यह कथन—"कि यदि गद्य कवियों की कसौटी तो निबन्ध गद्यकार की कसौटी है।"—निबन्ध कला का महत्त्व दर्शाने के लिए पर्याप्त है।

हिन्दी निबन्ध का जन्म विकास का सम्पूर्ण श्रेय पाश्चात्य निबन्ध साहित्य को जाता है। हिन्दी निबन्ध साहित्य का उदय भारतेन्दु युग से हुआ। विचारों

की दृष्टि से पुनर्जागरण कहे जाने वाले इस युग में राजनीतिक जनचेतना, समाज सुधार, धर्म, अध्यात्म, आर्थिक दुर्दशा, अतीत का गौरव गान, हास्य व्यंग्यात्मक विषयों पर सुन्दर निबन्ध लिखे गये। इस युग में अधिकांश निबन्ध तत्कालीन पत्र-पत्रिकाओं—भारतेन्दु हरिश्चन्द्र, ब्राह्मण, हिन्दी प्रदीप, आनन्द कादम्बिनी, सदादर्श आदि में नियमित रूप से प्रकाशित होते थे। भारतेन्दु युगीन प्रमुख निबन्धकार हैं—भारतेन्दु हरिश्चन्द्र, प्रतापनारायण मिश्र, बालकृष्ण भट्ट, बदरीनारायण चौधरी प्रेमघन, श्रीनिवास दास, राधाचरण गोस्वामी, काशीनाथ खत्री आदि। तत्कालीन युग की समस्याओं का यथार्थ चित्रण करने में ये सभी निबन्धकार विशेष प्रयत्नशील रहे।

द्विवेदी युग में निबन्ध कला की दृष्टि से विशेष विकास नहीं हुआ। गम्भीर पाण्डित्य प्रदर्शन की प्रवृत्ति एवं अति सुधारात्मक, नैतिकतावादी दृष्टिकोण के परिणामस्वरूप रोचक, सरस, जीवन्त निबन्धों का अभाव रहा। बालमुकुन्द गुप्त, सरदार पूर्णसिंह एवं चन्द्रधर शर्मा गुलेरी के निबन्ध इस दृष्टि से अपवाद कहे जा सकते हैं। सरदार पूर्णसिंह ने नैतिक और सामाजिक विषयों से जुड़े श्रेष्ठ निबन्ध लिखे। संख्या में कम होने पर भी उनके निबन्ध हिन्दी साहित्य की अमूल्य निधि हैं। उनके द्वारा लिखित भावपूर्ण निबन्ध पाठकों को रसमग्न करने में सक्षम हैं। इस युग के अन्य निबन्धकारों में महावीरप्रसाद द्विवेदी, माधव प्रसाद मिश्र, बाबू श्यामसुन्दर दास, मिश्रबन्धु आदि प्रमुख हैं।

निबन्धों के इतिहास में आचार्य रामचन्द्र शुक्ल का योगदान विशेष रूप से उल्लेखनीय है। शुक्ल जी ने निबन्ध साहित्य को नयी दिशा एवं प्रौढ़ता प्रदान की। पाश्चात्य और भारतीय विचारों का समन्वय करते हुए उन्होंने श्रेष्ठ भावात्मक, विचारात्मक, सामाजिक, मनोवैज्ञानिक निबन्ध लिखे। बाबू श्यामसुन्दर दास, बाबू गुलाबराय, प्रेमचन्द, पदुमलाल पुन्नालाल बख्शी, प्रसाद, माखनलाल चतुर्वेदी, जैनेन्द्र इस युग के श्रेष्ठ निबन्धकार हैं। शुक्लोत्तर युग में निबन्ध कला का व्यापक विकास हुआ। इस युग में आत्मपरक, समीक्षात्मक ललित निबन्ध अधिक लिखे गये। आचार्य हजारी प्रसाद द्विवेदी के गम्भीर चिन्तन, मनन परक, अनुभवों से सिंचित विचारात्मक निबन्ध जो सहज, सरस शैली में लिखे गये इस युग की अमूल्य निधि हैं। प्रगतिशील, मार्क्सवादी विचारधारा से प्रभावित निबन्ध लेखन से इस विधा का अभूतपूर्व विकास हुआ। उनके समकालीन निबन्धकारों में जैनेन्द्र, रामवृक्ष बेनीपुरी, बनारसीदास चतुर्वेदी, डॉ. नगेन्द्र, इन्द्रनाथ मदान, लक्ष्मीकांत वर्मा आदि प्रमुख हैं। गद्य में काव्य जैसा आस्वादन देने वाले ललित

निबन्धों की रचना से निबन्ध साहित्य में अभूतपूर्व प्रगति हुई। ललित निबन्धकारों में, कन्हैयालाल मिश्र प्रभाकर, विद्यानिवास मिश्र, कुबेरनाथ राय उल्लेखनीय हैं।

साठोत्तरी के निबन्धकारों में प्रभाकर माचवे, हरिशंकर परसाई, शरद जोशी, आचार्य नरेन्द्र देव, भगवत शरण उपाध्याय, विवेकी राय, अशोक वाजपेयी आदि प्रमुख हैं। युवा निबन्धकारों में प्रभाकर श्रोत्रिय, चन्द्रकान्त बांदिवडेकर, नन्दकिशोर, प्रकाशचन्द्र गुप्त जैसे निबन्धकारों के नाम उल्लेखनीय हैं जिन्होंने सांस्कृतिक, सामाजिक विषयों पर उत्कृष्ट निबन्ध लिखे हैं। निबन्ध लेखन की परम्परा निरन्तर प्रवाहमान है। आज की बदलती परिस्थितियों, विद्रूपताओं, अन्तर्विरोधों को सशक्त लेखनी के माध्यम से अभिव्यक्ति देने में निबन्ध आज एक प्रभावोत्पादक गद्य विधा के रूप में प्रतिष्ठित है।

संस्मरण

किसी प्रसिद्ध व्यक्ति, विद्वान, मनीषी, चिन्तक, क्रान्तिकारी, सेनानी अथवा कभी-कभी कोई सामान्य जन जिसने स्मृतियों में विशिष्ट स्थान पा लिया हो, आत्मकथन के द्वारा किसी भी शैली में उसका प्रभावशाली वर्णन संस्मरण कहलाता है। संस्मरण शब्द का अर्थ है—भली प्रकार से स्मृति। अतीत की स्मृतियों, अविस्मरणीय क्षणों, विशिष्ट घटनाओं को संस्मरण लेखक रोचक एवं कौतूहलमयी अभिव्यक्ति प्रदान करता है। लेखक की निजी अनुभूतियाँ भी प्रत्यक्ष-अप्रत्यक्ष रूप में पाठकों के समक्ष आती रहती हैं।

संस्मरण हिन्दी साहित्य की नवीन गद्य विधा है जो अन्य गद्य विधाओं की भाँति अधिक विकसित नहीं है। यह आत्मनिष्ठ विधा है। साहित्य कोश में—"संस्मरण आत्मकथा के रूप में लिखे गये स्मृति लेख हैं जिसमें लेखक के जीवन का पूरा विवरण नहीं होता बल्कि किसी घटना की भले ही लेखक का उससे नाममात्र का सम्बन्ध हो, स्मृति वर्णन का विवरण होता है।"

किसी अविस्मरणीय घटना या पात्र का रोचक, विश्वसनीय, सोद्देश्यपूर्ण वर्णन करते हुए लेखक प्रभावोत्पादक शैली में भावपूर्ण, मर्मस्पर्शी चित्रण कर संस्मरण को मूर्त्त रूप प्रदान करता है। इसकी लेखन-शैली प्रायः निबन्ध अथवा ललित गद्य शैली के निकट जान पड़ती है। इसमें कहानी-सी रोचकता, कौतूहल दृष्टिगत होता है। यह विधा रेखाचित्र के निकट होते हुए भी उससे काफी भिन्न है। संस्मरण में रेखाचित्र की अपेक्षा अधिक आत्मनिष्ठा एवं शैली की स्वतन्त्रता होती है।

संस्मरण विधा द्विवेदी युग में 'सरस्वती' पत्रिका के माध्यम से प्रकाश में आयी। अनेक लेखकों के संस्मरणात्मक लेख समय-समय पर विविध पत्र-पत्रिकाओं

में प्रकाशित हुए। महावीरप्रसाद द्विवेदी का 'अनुमोदन का अन्त', 'सभा की सभ्यता', विज्ञानाचार्य बसु का 'विज्ञान मन्दिर', कुछ प्रारम्भिक संस्मरण हैं। इस युग के अन्य संस्मरण लेखकों में प्यारेलाल मिश्र, काशीप्रसाद जायसवाल, रामकुमार खेमका, भोलादत्त पाण्डेय आदि प्रमुख हैं। 'हरिऔध जी के संस्मरण' इस युग की उल्लेखनीय कृति है।

छायावाद युग में भी पत्र-पत्रिकाओं के माध्यम से संस्मरण साहित्य की अभूतपूर्व प्रगति हुई। जीवन के विविध पक्षों, यात्रा-वृत्तान्तों, दर्शनीय स्थलों, प्राकृतिक सौन्दर्य प्रधान अनेक वर्णनात्मक-भावात्मक संस्मरण रोचक शैली में इस युग में लिखे गये। बनारसीदास चतुर्वेदी के 'संस्मरण', श्रीराम शर्मा का 'बोलती प्रतिमा', रामनाथ सुमन कृत 'हमारे नेता', 'पथ चिह्न' छायावाद युग के प्रसिद्ध संस्मरण संग्रह हैं। इस युग में बाबू विष्णुराव पराड़कर, शिव नारायण टण्डन, पद्मसिंह शर्मा ने भी कथ्य एवं शिल्प की दृष्टि से अद्वितीय संस्मरण लिखे।

छायावादोत्तर काल में सरस्वती, विशाल भारत, सुधा, धर्मयुग, सरिता जैसी सुप्रसिद्ध पत्रिकाओं ने इस विधा की संवृद्धि में महत्त्वपूर्ण योगदान दिया। जीवन प्रसंगों का यथार्थ चित्रण करते कलात्मक संस्मरण पाठक वर्ग में विशेष लोकप्रिय हुए। अन्य भाषाओं से अनूदित श्रेष्ठ संस्मरणात्मक रचनाओं ने इस विधा को समृद्ध करने में महत्त्वपूर्ण योगदान दिया। अमृता प्रीतम, नयनतारा सहगल, संपूर्णानन्द, हरिभाऊ उपाध्याय, रायकृष्ण दास, हजारी प्रसाद द्विवेदी, अज्ञेय, डॉ॰ रामकुमार वर्मा, विष्णु प्रभाकर द्वारा इस युग में श्रेष्ठ संस्मरणात्मक साहित्य रचा गया। मनोहर श्याम जोशी की गणना भी श्रेष्ठ संस्मरण लेखकों में की जाती है। 'रघुवीर सहाय संस्मरण', 'लखनऊ-मेरा लखनऊ' उनके सुप्रसिद्ध संस्मरण संग्रह हैं। सहजता, आत्मीयता, भाषा में सादगी एवं मर्मस्पर्शी वर्णन से उनके संस्मरण प्रभावोत्पादक बन पड़े हैं। कथ्य और शिल्प की दृष्टि से इन संस्मरणों में पर्याप्त वैविध्य दृष्टिगत होता है।

कहानी

कहानी कहने और सुनने की प्रवृत्ति सृष्टि के आरम्भ से मनुष्य के मन में रही है लेकिन गद्य विधा के रूप में 'हिन्दी कहानी' सर्वथा आधुनिक युग की देन है। भारत के प्राचीन साहित्य—पंचतंत्र, हितोपदेश, ब्राह्मण ग्रन्थों आदि में कहानी के बीज मिलते हैं किन्तु आधुनिक हिन्दी कहानी का आरंभ इंशाअल्ला खाँ की 'रानी केतकी की कहानी' और राजा शिवप्रसाद 'सितारेहिन्द' की 'राजा भोज का सपना' से माना जाता है। भारतेन्दु युग के उत्तरार्द्ध में सन् 1900 ई. में किशोरीलाल गोस्वामी की 'इन्दुमती' नामक कहानी प्रकाशित हुई। पं. रामचन्द्र

शुक्ल की 'ग्यारह वर्ष का समय', बंगमहिला की 'दुलाईवाली', जयशंकर प्रसाद की 'ग्राम' आदि कहानियाँ लगभग इसी समय लिखी गयीं जिनमें हिन्दी कहानी का आरम्भिक रूप दिखाई देता है। चन्द्रधर शर्मा 'गुलेरी' की बहुचर्चित कहानी 'उसने कहा था' और प्रेमचन्द की प्रसिद्ध कहानी 'पंच परमेश्वर' (1916 ई.) ने हिन्दी कहानी के रूप को सँवार दिया।

प्रेमचन्द निस्सन्देह हिन्दी के कथा सम्राट हैं। लगभग तीन सौ कहानियों के रचनाफलक पर प्रेमचन्द ने जन सामान्य के दुःख-दर्द को उकेरा। 'पूस की रात', 'कफन', 'ईदगाह', 'बड़े भाई साहब', 'नमक का दारोगा', 'ठाकुर का कुआँ', 'शतरंज के खिलाड़ी' उनकी प्रख्यात रचनाएँ हैं। प्रेमचन्द की ग्रामीण परिवेश और राष्ट्रीय चेतना से अनुप्राणित कहानियों से अलग जयशंकर प्रसाद ने कल्पना-प्रवण भावुक कहानियों की रचना की। 'छाया', 'आँधी', 'इन्द्रजाल', 'आकाशदीप' आदि उनके कहानी-संग्रहों में करुणा, निश्छल प्रेम और उत्सर्ग की भावना उभर कर आयी। विवेच्य युग के अन्य कहानी लेखकों में विश्वम्भर नाथ शर्मा कौशिक, सुदर्शन, चतुरसेन शास्त्री, राय कृष्णदास आदि उल्लेखनीय हैं।

प्रेमचन्दोत्तर युग विषय और शिल्प की दृष्टि से वैविध्य का काल है। इस युग की हिन्दी कहानी में प्रगतिवादी, व्यक्तिवादी, आंचलिक प्रवृत्तियाँ उभरकर सामने आयीं। प्रगतिवादी विचारधारा के प्रमुख रचनाकार हैं यशपाल। 'पिंजड़े की उड़ान', 'वो दुनिया', 'ज्ञानदान', 'फूलो का कुर्ता' आदि उनके कहानी संग्रहों में वर्ग संघर्ष, मनोविश्लेषण और पैना व्यंग्य उल्लेखनीय है। इस युग की कहानी को मनोविश्लेषणात्मक धरातल पर प्रतिष्ठित करने वाले कहानीकारों में इलाचन्द्र जोशी (धूपरेखा, दीवाली और होली, खँडहर की आत्माएँ), अज्ञेय (विपथगा, कोठरी की बात, शरणार्थी), जैनेन्द्र कुमार (जयसंधि, आत्मशिक्षण) प्रमुख हैं। अन्तर्मुखी प्रवृत्ति के रचनाकार जैनेन्द्र की उपेक्षित और निरीह पात्रों तथा बाह्य मनोविज्ञान को आधार बनाकर लिखी गयी कहानियाँ विशेष रूप से उल्लेखनीय हैं।

स्वातन्त्र्योत्तर युग में हिन्दी कहानी का बहुमुखी विकास हुआ। विपुल कथा साहित्य और कहानी पर व्यापक विचार-विमर्श ने इस युग की कहानी को 'नयी कहानी' शीर्षक से अभिहित किया। शिवप्रसाद सिंह (मुर्दासराय), मार्कण्डेय (गुलरा के बाबा, हंसा जाई अकेला), फणीश्वरनाथ रेणु (तीसरी कसम) की कहानियों में मिट्टी की सोंधी महक थी। भीष्म साहनी, शेखर जोशी, शैलेश मटियानी, शानी और अमरकान्त भी कहानी के इसी मोड़ से जुड़े महत्त्वपूर्ण हस्ताक्षर हैं। अमरकान्त की 'डिप्टी कलक्टरी', 'जिन्दगी और जोंक', 'हत्यारे' आदि कहानियाँ आधुनिकताबोध के जीवन्त आयामों को छूती हुई दृष्टिगत होती हैं।

नयी कहानी के तथाकथित उन्नायकों—मोहन राकेश, राजेन्द्र यादव, कमलेश्वर ने आधुनिक जीवन में तनाव और मूल्यों के संघर्ष को रूपायित किया। राजेन्द्र यादव की कहानियों में वैयक्तिकता पर सामाजिकता हावी है, मोहन राकेश तनावों के और कमलेश्वर तनावों के बीच मूल्यान्वेषण के लिए सचेष्ट रहते हैं। सर्वेश्वरदयाल सक्सेना, धर्मवीर भारती और कुँवरनारायण की कहानियों पर काव्यगत रोमानियत की छाप है। इस युग की महिला कथाकारों—कृष्णा सोबती, उषा प्रियंवदा और मन्नू भंडारी ने आधुनिक नारी की मनःस्थिति, पति-पत्नी के सम्बन्धों को नयी परिभाषा देने का प्रयास किया। नारी की मानसिक ऊहापोह, पुरुष के मन की शंकाओं और ईर्ष्याओं को बारीकी से प्रस्तुत करने में मन्नू भंडारी सिद्धहस्त हैं।

जीवन की घुटन, अनिश्चितता, निरर्थकता को व्यक्त करने वाले कहानीकारों में निर्मल वर्मा (परिन्दे, लन्दन की एक रात) प्रमुख हैं। अकेलापन, ऊब, निर्वासन के भाव को व्यक्त करने वाले अन्य रचनाकारों में ज्ञानरंजन (फेंस के इधर उधर), दूधनाथ सिंह (रक्तपात), गिरिराज किशोर (पेपरवेट), महेन्द्र भल्ला (एक पति के नोट्स), काशीनाथ सिंह (चायघर में मृत्यु) के नाम उल्लेखनीय हैं। सातवें और आठवें दशक के कहानीकार मोह और रोमांस से मुक्त हैं। सृजन की आन्तरिक विवशता से प्रेरित होकर सपाट भाषा में जीवन के जटिल अर्थों को प्रेषित करने वाले आज के कथाकारों में जितेन्द्र भाटिया, श्रवण कुमार, ममता कालिया, दीप्ति खण्डेलवाल, उदय प्रकाश, नासिरा शर्मा, मैत्रेयी पुष्पा, मृदुला गर्ग के नाम उल्लेखनीय हैं।

व्यंग्य

व्यंग्य आधुनिक हिन्दी गद्य साहित्य की महत्त्वपूर्ण विधा है। समाज की भ्रष्ट व्यवस्था, जीवन परिवेश में व्याप्त विसंगतियों, अन्तर्विरोधों, विद्रूपताओं पर प्रहार कर नये समाज की प्रतिष्ठा की ओर अग्रसर करने में व्यंग्य एक सशक्त विधा के रूप में उभरी है। व्यंग्यकार यथार्थजीवन की झाँकी प्रस्तुत कर जनता में चेतना लाने का महत् कार्य करता है। परम्परागत साहित्य में बहुधा उपहास, हास्य व्यंग्य, परिहास आदि में अधिक भिन्नता नहीं मानी गयी। परन्तु आधुनिक युग की आवश्यकताओं के सन्दर्भ में स्थिति ऐसी नहीं है। आज हास्य और व्यंग्य को समानार्थी नहीं माना जा सकता। हास्य जहाँ गुदगुदाता है, मानसिक तनाव की मुक्ति का माध्यम बन जाता है, वहीं व्यंग्य हमारी दुर्बलताओं, कुरूपताओं पर करारा प्रहार कर हमें बहुत कुछ सोचने के लिए विवश कर जाता है।

व्यंग्य केवल एक विधा ही नहीं है एक स्पिरिट भी है। "अस्वस्थ रीति या परम्परा के निवारण हेतु आलोचना के स्थान पर व्यंग्य का प्रयोग बिना कटुता उत्पन्न

किये उद्देश्य को सफल कर देता है।'' हजारी प्रसाद द्विवेदी के अनुसार–''व्यंग्य वह है जहाँ कहने वाला अधरोष्ठ में हँस रहा हो और सुनने वाला तिलमिला उठा हो और फिर कहने वाले को जवाब देना अपने को और उपहासास्पद बना लेना हो जाता है। व्यंग्य की यह प्रकृति उसे सुधारक ही नहीं लाजवाब और आक्रामक भी सिद्ध करती है।'' सीधी सहज भाषा में तेज और धारदार बात कह डालने की क्षमता कुशल व्यंग्यकार की सर्वोपरि विशिष्टता है।

व्यंग्य कटु प्रहारक है। उसकी शक्ति प्रखर है। व्यंग्य यदि सार्थक और महानतम् उद्देश्य की पूर्ति के लिए लिखे जाएँ तो सामाजिक-आर्थिक-राजनीतिक परिवेश की विसंगतियों, मिथ्याचारों, असामंजस्यों का निर्मम, अवैयक्तिक, तटस्थ विश्लेषण कर समाज में हलचल पैदा कर सकते हैं। व्यंग्य कई प्रकार के हो सकते हैं–सामाजिक, राजनीतिक, मनोवैज्ञानिक, ऐतिहासिक, तथ्य या घटना प्रधान, वातावरण प्रधान आदि।

हिन्दी में व्यंग्य लेखन की परम्परा अत्यन्त प्राचीन है। युग की आवश्यकताओं के अनुरूप प्रत्येक युग में व्यंग्य साहित्य की रचना होती रही। आदिकाल में नाथों-सिद्धों का साहित्य इसका प्रत्यक्ष प्रमाण है। उन्होंने जाँति-पाँति, ऊँच-नीच, सामाजिक कुरीतियों, धार्मिक पाखण्डों पर तीव्र प्रहार किये। सूरदास ने 'भ्रमरगीत' और कबीर ने अपने दोहे, साखियों, पदों में व्यंग्य की इसी शृंखला को आगे बढ़ाया। कबीर के दोहे सामाजिक कुरीतियों, विसंगतियों पर तीव्र प्रहार करने में सक्षम हैं। रीतिकालीन साहित्य में व्यंग्य लेखन की ओर रुझान दिखाई नहीं दिया। भारतेन्दु युग से व्यंग्य लेखन की जो परम्परा आरम्भ हुई वह आज तक अनवरत जारी है।

भारतेन्दु ने मुकरियों, प्रहसनों, नाटकों के माध्यम से अपने युग की समस्याओं पर व्यंग्य कर उनका यथार्थ चित्रण किया और सामाजिक, राजनीतिक, जनजागृति की दिशा में महत्त्वपूर्ण योगदान दिया। बालमुकुन्द गुप्त के 'शिवशम्भु के चिट्ठे' अंग्रेजी शासन पर व्यंग्य करते हुए उनकी नीतियों का पर्दाफाश करने की दृष्टि से ही लिखे गये। प्रतापनारायण मिश्र के निबन्धों में भी हास्य-व्यंग्य, कटाक्ष द्वारा चमत्कार उत्पन्न किया गया। प्रेमचन्द द्वारा रचित कहानियों, उपन्यासों में व्यंग्य परम्परा का विकास देखा जा सकता है। अंग्रेजी शासन, जमींदारों के शोषण चक्र में पिसती भारतीय जनता की समस्याओं को उजागर करने में व्यंग्य ही उनकी सशक्त अभिव्यक्ति का माध्यम बन जाता है। निराला की 'अबे गुलाब' शोषित और शोषकों पर व्यंग्य करती श्रेष्ठ रचना है।

शुक्ल युग में भी श्रेष्ठ व्यंग्यात्मक साहित्य की रचना हुई। हरिशंकर शर्मा, बेढ़ब बनारसी, चन्द्रधर शर्मा गुलेरी, बेचन शर्मा उग्र, हजारी प्रसाद द्विवेदी,

प्रभाकर माचवे के नाम विशेष उल्लेखनीय हैं। स्वातन्त्र्योत्तर काल में 'व्यंग्य' एक स्वतन्त्र विधा के रूप में अस्तित्व में आयी। विविध गद्य विधाओं में व्यंग्यात्मक चुटकियों की अपेक्षा अब व्यंग्य एक अलग विधा के रूप में जानी जाती है जो निस्सन्देह पाश्चात्य साहित्य की विधा 'सैटायर' से पूर्णतया प्रभावित है। व्यंग्य की इस प्रक्रिया में समस्याओं की तह में जाकर विश्लेषणात्मक दृष्टि रखते हुए कटु प्रहार करने वाले व्यंग्यों की रचना करना व्यंग्यकारों का प्रमुख उद्देश्य रहा।

हिन्दी साहित्य में 'व्यंग्य' को स्वतन्त्र गद्य विधा के रूप में प्रतिष्ठित करने का श्रेय हरिशंकर परसाई को जाता है। सामाजिक और वैयक्तिक पाखण्डों, मूल्यहीनता के विरुद्ध संघर्ष करते हुए उन्होंने जटिल प्रश्नों के साथ-साथ आम जीवन की समस्याओं पर भी तीखे व्यंग्य किये हैं। सामाजिक विसंगतियों, विडम्बनाओं पर पैने व्यंग्य करते हुए वे समाज में परिवर्तन लाने एवं नयी दिशा देने की ओर अग्रसर हैं। उनका उद्देश्य केवल उपहास सृष्टि करना नहीं है, वरन् पाठकों को विसंगत स्थितियों के प्रति सचेत कर वस्तुस्थिति से अवगत कराना, उन्हें जनक्रांति के लिए प्रेरित करना भी है जिसमें वे पूरी तरह सफल भी हुए हैं। आधुनिक युग के अन्य प्रमुख व्यंग्यकारों में श्रीलाल शुक्ल, शरद जोशी, मनोहर श्याम जोशी आदि प्रमुख हैं।

रेखाचित्र

रेखाचित्र हिन्दी की नवीनतम गद्य विधाओं में से एक है। जिस प्रकार चित्रकार तूलिका से चित्र बनाता है। ठीक उसी प्रकार रेखाचित्रकार शब्दों के माध्यम से जीवन की विविध घटनाओं, व्यक्तियों तथा दृश्यों का सजीव चित्र प्रस्तुत कर देता है। पाठकों के समक्ष उस व्यक्ति, घटना प्रसंग की चित्रात्मक अभिव्यक्ति ही रेखाचित्र कहलाती है। रेखाचित्र अंग्रेजी के 'Sketch' शब्द का हिन्दी पर्याय है। हिन्दी साहित्यकोश के अनुसार–रेखाचित्र किसी व्यक्ति, वस्तु-घटना या भाव का कम से कम शब्दों में मर्मस्पर्शी, भावपूर्ण एवं सजीव अंकन है। प्रसिद्ध रेखाचित्रकार रामवृक्ष बेनीपुरी इसके लिए 'शब्दचित्र' का प्रयोग करते हैं। डॉ. नगेन्द्र ने इसे 'स्मृतिचित्र' के नाम से अभिहित किया है। रेखाचित्र संस्मरण विधा का कलात्मक एवं विकसित रूप माना जा सकता है।

रेखाचित्र न पूर्णतया निबन्ध है और न ही कहानी! तथापि इन दोनों के तत्त्वों का समावेश उसमें अवश्य है। अतीत की स्मृतियों में कोई पात्र चरित्र अपने विराट व्यक्तित्व के साथ मानस पटल पर इतना प्रभाव अंकित कर दे कि रचनाकार उसकी चारित्रिक विशेषताओं के उद्घाटन की ओर अग्रसर हो उठे, पाठकों

को उस व्यक्ति विशेष के उन गुणों से वैसे ही चमत्कृत कर दे इसी में उत्कृष्ट रेखाचित्र की सार्थकता मानी जाती है। रेखाचित्र संस्मरण विधा का कलात्मक एवं विकसित रूप भी कहा जा सकता है। रेखाचित्र साहित्यिक, मनोवैज्ञानिक, ऐतिहासिक, घटना प्रधान, वातावरण प्रधान, व्यक्ति प्रधान, व्यंग्यात्मक किसी भी प्रकार के हो सकते हैं। आकार की दृष्टि से ये अत्यंत लघु अथवा विवरण प्रधान हो सकते हैं।

रेखाचित्र यथार्थ जीवन से जुड़े होते हैं, उसमें कल्पना का आश्रय कम लिया जाता है। रचनाकार का निजी व्यक्तित्व प्रत्यक्ष अथवा अप्रत्यक्ष रूप में रेखाचित्र में निहित रहता है। इसमें पात्र के आन्तरिक-बाह्य गुणों, विशिष्टताओं, मनोवृत्तियों का कल्पनात्मक, भावपूर्ण एवं मर्मस्पर्शी चित्रण किया जाता है। विषय की एकात्मक अन्विति, संक्षिप्तता, तटस्थ दृष्टि रेखाचित्र के आधारभूत तत्त्व हैं। पात्रानुकूल भाषा रेखाचित्र को सजीवता प्रदान करती है साथ ही पात्र का प्रभावशाली चित्र अंकित करने में भी सहायक सिद्ध होती है। रेखाचित्रकार में अनुभूति की गहनता, सत्यता एवं अभिव्यक्ति की कुशलता वांछनीय है। इस दृष्टि से महादेवी वर्मा, रामवृक्ष बेनीपुरी, बनारसीदास चतुर्वेदी का नाम विशेष उल्लेखनीय है। सोद्देश्यपूर्ण रेखाचित्रों की रचना करते हुए इन्होंने कथ्य को प्रभावशाली ढंग से प्रस्तुत किया है। महादेवी वर्मा के रेखाचित्र जहाँ दलित, असहाय वर्ग की पीड़ा एवं प्रतिक्रिया को अभिव्यक्ति प्रदान कर चित्त द्रवित करने में सक्षम हैं, वहीं रामवृक्ष बेनीपुरी जी के रेखाचित्र प्रतीकात्मक हैं व समाज की विभिन्न समस्याओं पर केन्द्रित होते हुए उनका समाधान भी प्रस्तुत करते हैं।

हिन्दी गद्य साहित्य में रेखाचित्र पाश्चात्य साहित्य की देन है। पाश्चात्य देशों में यह विधा 18वीं-19वीं शताब्दी में प्रचलित हो गई थी पर भारत में यह 20वीं शताब्दी में लोकप्रिय हुई। पाश्चात्य रेखाचित्रकारों में चार्ल्स डिकन्स, गार्ल्सवर्दी, गोर्की, चेखव आदि से प्रभावित होकर हिन्दी साहित्य में इस विधा का प्रादुर्भाव छायावाद काल में हुआ। पण्डित श्रीराम शर्मा ने वन्य जगत से जुड़े देहाती जीवन के चित्र प्रस्तुत करने वाले रेखाचित्र आरम्भ में लिखे। पं. बनारसीदास चतुर्वेदी एवं अमृतराय द्वारा संपादित 'हंस' पत्रिका के 'रेखाचित्र विशेषांक' ने इस विधा को आकार प्रदान किया वहीं महादेवी वर्मा के 'अतीत के चलचित्र', 'स्मृति की रेखाएँ', रामवृक्ष बेनीपुरी की 'माटी की मूरतें' जैसे श्रेष्ठ रेखाचित्र संग्रहों ने इस विधा को सुनिश्चित दिशा प्रदान की। पदुमलाल पुन्नालाल बख्शी, माणिकलाल मुंशी, बाबू गुलाबराय द्वारा लिखे रेखाचित्र भी प्रभावी बन पड़े हैं। इनके रेखाचित्रों में संवेदनशीलता, कल्पनाशक्ति एवं कलात्मक अभिव्यक्ति का अनूठा संगम मिलता है।

आधुनिक रेखाचित्रकारों में कन्हैयालाल मिश्र प्रभाकर ('जिन्दगी मुस्काई', 'महके आँगन, चहके द्वार', 'दीप जले शंख जले'), विनय मोहन शर्मा (रेखा और रंग), प्रकाशचंद्र गुप्त ('रेखाचित्र', 'पुरानी स्मृतियाँ'), सेठ गोविन्ददास ('चेहरे जाने पहचाने'), डॉ॰ नगेन्द्र ('चेतना के बिम्ब') प्रमुख हैं। जगदीश चन्द्र माथुर, हजारी प्रसाद द्विवेदी, जैनेन्द्र कुमार, रघुवीर सहाय, कृष्णा सोबती के नाम भी विशेष रूप से उल्लेखनीय हैं जिन्होंने इस विधा को समृद्ध कर नवीन लेखकों को एक नयी दिशा प्रदान की। आज रेखाचित्र साहित्य का पर्याप्त विकास हुआ है।

लघु-कथा

लघु-कथा शब्द का निर्माण लघु और कथा से मिलकर हुआ है। अर्थात् लघु-कथा गद्य की एक ऐसी विधा है जो आकार में 'लघु' है और उसमें 'कथा' तत्त्व विद्यमान है। अर्थात् लघुता ही इसकी मुख्य पहचान है। जिस प्रकार उपन्यास खुली आँखों से देखी गयी घटनाओं का, परिस्थितियों का संग्रह होता है, उसी प्रकार कहानी दूरबीनी दृष्टि से देखी गयी किसी घटना या कई घटनाओं का वर्णन होती है। इसके विपरीत लघु-कथा के लिए माइक्रोस्कोपिक दृष्टि की आवश्यकता पड़ती है। इस क्रम में किसी घटना या किसी परिस्थिति के एक विशेष और महीन से विलक्षण पल को शिल्प तथा कथ्य के लेंसों से कई गुना बड़ा कर एक उभार दिया जाता है। किसी बहुत बड़े घटनाक्रम में से किसी विशेष क्षण को चुनकर उसे हाईलाइट करने का नाम ही लघु-कथा है।

यात्रा-वृत्त

किसी स्थान विशेष की यात्रा करने के उपरान्त यह स्वाभाविक है कि मनुष्य अपने अनुभवों को अपने सम्पर्क में आने वाले लोगों को सुनाए। यही अनुभव अथवा वृत्तान्त लिपिबद्ध किये जाने लगे तो यात्रा-वृत्तान्त अथवा यात्रा साहित्य का जन्म हुआ। हिन्दी साहित्य में यात्रा-वृत्तान्त लिखने की परम्परा का सूत्रपात भारतेन्दु ने ही किया। 'सरयूपार की यात्रा', 'लखनऊ की यात्रा' आदि रचनाओं में भारतेन्दु ने सजीव और रोचक यात्रावर्णन प्रस्तुत किये यद्यपि तब तक यात्रा-वृत्तान्त को स्वतन्त्र विधा न मानकर निबन्ध अथवा संस्मरण का ही एक रूप माना जाता था। भारतेन्दु के पश्चात जो यात्रा-वृत्तान्त पुस्तकाकार रूप में सामने आये इनमें पं. दामोदर शास्त्री कृत 'मेरी पूर्व दिग्यात्रा', स्वामी सत्यदेव परिव्राजक कृत 'मेरी कैलाशयात्रा', पं. कन्हैयालाल मिश्र कृत 'हमारी जापान यात्रा' आदि उल्लेखनीय हैं।

हिन्दी प्रदेश में शिक्षा के विकास और अखिल भारतीय स्तर पर यातायात के साधनों की वृद्धि से यात्रा के प्रति लोगों में रुझान बढ़ा और हिन्दी में सैलानी प्रवृत्ति के साहित्यकार सामने आये। महापण्डित राहुल सांकृत्यायन ने 1948 में 'किन्नर देश में' के अलावा 'मेरी तिब्बत यात्रा' लिखी। रामवृक्ष बेनीपुरी की 'पैरों में पंख बाँधकर', अज्ञेय की 'अरे यायावर रहेगा याद', रामधारी सिंह दिनकर की 'देश-विदेश' विभिन्न संस्कृतियों और समाज के सजीव चित्र प्रस्तुत करती हैं।

स्वातन्त्र्योत्तर युग में हिन्दी का यात्रा साहित्य और समृद्ध हुआ। विदेशों से सम्पर्क बढ़ने के कारण हिन्दी साहित्यकारों को रूस, चीन, जापान, अफ्रीका तथा यूरोपीय देशों में भ्रमण की सुविधा मिली फलतः अनेक यात्रावृत्त प्रकाश में आये। 1964 ई॰ में प्रकाशित निर्मल वर्मा का 'चीड़ों पर चाँदनी' वस्तुओं और स्थितियों के अतिरिक्त यूरोपीय देशों की कलात्मक उपलब्धियों को भी पाठक के समक्ष उपस्थित कर देता है। 1968 में लिखित अमृता प्रीतम का 'इक्कीस पत्तियों का गुलाब' और 1975 में रचित श्रीकान्त वर्मा का 'अपोलो का रथ' गद्य में लिखी हुई कविता का आनन्द देने वाले यात्रा-वृत्तान्त हैं। विष्णु प्रभाकर के 'ज्योतिपुंज हिमालय', कमलेश्वर का 'खण्डित यात्राएँ' और 1990 में डॉ. रामदरश मिश्र द्वारा रचित 'तना हुआ इन्द्रधनुष' आदि यात्रावृत्तों में कथारस का आनन्द मिलता है। दिनकर के 'मेरी यात्राएँ' और डॉ. नगेन्द्र के 'अप्रवासी की यात्राएँ' में दृश्यों-परिदृश्यों के साथ-साथ लेखकों का देशप्रेम भी अभिव्यक्त हुआ है। नर्मदा नदी को अपने सर्जनात्मक प्रयत्न और जीवन का केन्द्र बनाकर अमृतलाल वेगड़ ने 'सौन्दर्य की नदी नर्मदा' और 'अमृतस्य नर्मदा' नामक दो सुन्दर यात्रा-वृत्तान्तों द्वारा यात्रा साहित्य को समृद्ध किया है।

यात्रा-वृत्तान्तों की इस यात्रा का अवलोकन करें तो स्पष्ट हो जाता है कि भारतेन्दु काल के यात्रा-वृत्तान्तों में लेखक के स्वभाव और रुचि का प्राधान्य था किन्तु आज के यात्रावृत्तों में वस्तुओं, व्यक्तियों, स्थितियों के साथ-साथ लेखक के अन्तर्जगत का साक्षात्कार भी हो जाता है। निबन्ध, कथा, संस्मरण आदि अनेक गद्य-रूपों का आनन्द एक साथ प्रदान करने वाली इस विधा में अपार सम्भावनाएँ हैं।

एकांकी

एकांकी का शाब्दिक अर्थ है—एक अंक वाला नाटक। एक ही अंक में समाप्त होने वाली नाट्य कृति को एकांकी नाटक कहा जाता है। एकांकी दृश्य काव्य के अन्तर्गत एक अभिनेय विधा है जो नाटक के समान ही पाठकों एवं दर्शकों पर अपना प्रभाव छोड़ती है। एकांकी अपेक्षाकृत अत्यन्त आधुनिक नाट्य विधा

है। यह नाटक से भिन्न अपना स्वतन्त्र अस्तित्व रखती है। एकांकी अंग्रेजी के 'one act play' का हिन्दी रूपान्तरण है। इसमें कथानक मुख्यतः एक ही घटना अथवा भाव पर केन्द्रित रहते हुए तीव्र गति से विकसित होता है। नाटक की भाँति इस विधा में जीवन की व्यापकता का चित्रण विस्तार से, भिन्न-भिन्न प्रकार से नहीं किया जाता वरन एक अंक एक ही घटना और भाव, जीवन के किसी महत्त्वपूर्ण क्षण, कार्य अथवा उद्देश्य को प्रभावशाली ढंग से प्रस्तुत करता है। एकांकीकार पात्रों की सीमित संख्या में संकलन-त्रय का निर्वाह करता है।

संस्कृत साहित्य में रूपक-उपरूपकों के रूप में लघुनाटकों के भेद प्राप्य हैं। हिन्दी में संस्कृत के इन भेदों की प्राचीन परम्परा का अनुसरण करते हुए लघु नाटकों के रूप में एकांकी नाटकों का उदय हुआ। पाश्चात्य साहित्य के प्रभाव से हिन्दी के लघु नाटकों को 'एकांकी' नाम से अभिहित किया जाने लगा। भारतेन्दु युग और द्विवेदी युग में एकांकी साहित्य में विशेष संवृद्धि नहीं हुई। प्रसाद युग में एकांकी विधा के विकास की ओर विशेष ध्यान दिया गया। इस युग में संस्कृत नाट्य शास्त्र के परम्परागत नियमों की अपेक्षा आधुनिक पाश्चात्य एकांकी कला के तत्त्वों को अपनाने पर विशेष ध्यान दिया गया। संवाद, भाषा, शिल्प-विधान की दृष्टि से नवीन टेकनीक का प्रयोग इस युग के एकांकी साहित्य की प्रमुख विशेषता थी। प्रसाद का 'एक घूँट' हिन्दी साहित्य का प्रथम एकांकी माना जा सकता है। बेचन शर्मा उग्र, चंडी प्रसाद हृदयेश, गंगाप्रसाद श्रीवास्तव, प्रसाद युग के श्रेष्ठ एकांकीकार हैं। विषय की दृष्टि से इनके द्वारा लिखित एकांकियों में राजनीति, समाज सुधार, हास्य व्यंग्य की प्रचुरता है।

प्रसादोत्तर युग में रंगमंच अभिनय की दृष्टि से नवीन प्रयोगों द्वारा एकांकी साहित्य में क्रांतिकारी परिवर्तन आये। मनोविश्लेषणात्मक, समस्यामूलक, प्रेम, सैक्स, आधुनिक जीवन की विसंगतियों, विद्रूपताओं पर व्यंग्य करने वाले अनेक सफल एकांकी लिखे गये। हिन्दी साहित्य में एकांकी विधा को सुदृढ़, विकसित करने का श्रेय डॉ. रामकुमार वर्मा को है जिन्होंने ऐतिहासिक, सामाजिक, धार्मिक, समस्या मूलक, मनोविश्लेषणात्मक अनेक प्रकार के एकांकियों की रचना कर इस विधा को नाटक के समान प्रतिष्ठित एवं लोकप्रिय बनाने में महत्त्वपूर्ण योगदान दिया। जीवन के आदर्श गुणों, सात्विक विचारों, नैतिकता, सद्गुणों, दया, करुणा, प्रेम, आत्मबलिदान और मानवीय दुर्बलताओं पर विजय प्राप्त कर सद्मार्ग की ओर प्रेरित करने की दिशा में उनके एकांकी अद्वितीय हैं। जगदीश चन्द्र माथुर, सेठ गोविन्ददास, उदयशंकर भट्ट इस युग के अन्य श्रेष्ठ एकांकीकार हैं।

आधुनिक युग में रेडियो और टेलीविजन माध्यमों को ध्यान में रखते हुए अनेक एकांकी लिखे गये। प्रचार एवं प्रसार की दृष्टि से यह विधा निरन्तर विकास की ओर अग्रसर है। नवीन प्रयोग एवं टेकनीक की दृष्टि से आधुनिक एकांकी विषय-वैविध्य एवं शिल्प-वैविध्य द्वारा आज अपनी स्वतन्त्र पहचान बनाने में सक्षम है। आधुनिक एकांकीकारों में धर्मवीर भारती, विष्णु प्रभाकर, जयनाथ नलिन, भारत भूषण अग्रवाल, विनोद रस्तोगी, रेवती शरण शर्मा, प्रभाकर माचवे का नाम विशेष रूप से उल्लेखनीय है। आज के एकांकी नाटक प्रयोगशील हैं। नयी पीढ़ी के एकांकीकारों ने कथ्य, रंगमंचीय शिल्प, संवाद, संघर्ष, मनोविज्ञान सम्बन्धी नवीन प्रयोग करते हुए हिन्दी एकांकी को नयी दिशा प्रदान की है। शिल्प एवं रंगमंच की दृष्टि से आज के एकांकी सफल कहे जा सकते हैं।

काका कालेलकर

काका कालेलकर का जन्म 1 दिसम्बर, 1885 को महाराष्ट्र के सतारा में हुआ था। उनका परिवार मूल रूप से कर्नाटक के करवार जिले का रहने वाला था और उनकी मातृभाषा कोंकणी थी। लेकिन सालों से गुजरात में बस जाने के कारण गुजराती भाषा पर उनका बहुत अच्छा अधिकार था और वे गुजराती के प्रख्यात लेखक समझे जाते थे।

उन्होंने पहले स्वयं हिन्दी सीखी और फिर कई वर्ष तक दक्षिण में सम्मेलन की ओर से प्रचार-कार्य किया। अपनी सूझ-बूझ, विलक्षणता और व्यापक अध्ययन के कारण उनकी गणना प्रमुख अध्यापकों और व्यवस्थापकों में होने लगी। हिन्दी-प्रचार के कार्य में जहाँ कहीं कोई दोष दिखाई देते अथवा किन्हीं कारणों से उसकी प्रगति रुक जाती, गाँधी जी काका कालेलकर को जाँच के लिए वहीं भेजते। इस प्रकार के नाजुक काम काका कालेलकर ने सदा सफलता से किए। इसलिए 'राष्ट्रभाषा प्रचार समिति' की स्थापना के बाद गुजरात में हिन्दी-प्रचार की व्यवस्था के लिए गाँधी जी ने काका कालेलकर को चुना। काका साहब की मातृभाषा मराठी थी। नया काम सौंपे जाने पर उन्होंने गुजराती का अध्ययन प्रारम्भ किया। कुछ वर्ष तक गुजरात में रह चुकने के बाद वे गुजराती में धाराप्रवाह बोलने लगे। साहित्य अकादेमी में काका साहब गुजराती भाषा के प्रतिनिधि रहे। गुजरात में हिन्दी-प्रचार को जो सफलता मिली, उसका मुख्य श्रेय काका साहब को है।

आचार्य काका साहब कालेलकर जी का नाम हिन्दी भाषा के विकास और प्रचार के साथ जुड़ा हुआ है। 1938 में दक्षिण भारत हिन्दी प्रचार सभा के अधिवेशन में भाषण देते हुए उन्होंने कहा था, 'राष्ट्रभाषा प्रचार हमारा राष्ट्रीय कार्यक्रम है।' अपने इसी वक्तव्य पर दृढ़ रहते हुए उन्होंने हिन्दी के प्रचार को राष्ट्रीय कार्यक्रम का दर्जा दिया।

काका कालेलकर उच्चकोटि के विचारक और विद्वान थे। उनका योगदान हिन्दी-भाषा के प्रचार तक ही सीमित नहीं था। उनकी अपनी मौलिक रचनाओं से हिन्दी साहित्य समृद्ध हुआ है। सरल और ओजस्वी भाषा में विचारपूर्ण निबन्ध और विभिन्न विषयों की तर्कपूर्ण व्याख्या उनकी लेखन-शैली के विशेष गुण हैं। मूलरूप से विचारक और साहित्यकार होने के कारण उनकी अभिव्यक्ति की अपनी शैली थी, जिसे वह हिन्दी-गुजराती, मराठी और बंगला में सामान्य रूप से प्रयोग करते थे। उनकी हिन्दी-शैली में एक विशेष प्रकार की चमक और व्यग्रता है जो पाठक को आकर्षित करती है। उनकी दृष्टि बड़ी सूक्ष्म थी, इसलिए उनकी लेखनी से प्रायः ऐसे चित्र बन पड़ते हैं जो मौलिक होने के साथ-साथ नित्य नये दृष्टिकोण प्रदान करते रहे। उनकी भाषा और शैली बड़ी सजीव और प्रभावशाली थी। कुछ लोग उनके गद्य को पद्यमय ठीक ही कहते हैं। उसमें सरलता होने के कारण स्वाभाविक प्रवाह है और विचारों का बाहुल्य होने के कारण भावों के लिए उड़ान की क्षमता है। उनकी शैली प्रबुद्ध विचार की सहज उपदेशात्मक शैली है, जिसमें विद्वत्ता, व्यंग्य, हास्य, नीति सभी तत्त्व विद्यमान हैं।

काका साहब मँजे हुए लेखक थे। किसी भी सुन्दर दृश्य का वर्णन अथवा पेचीदा समस्या का सुगम विश्लेषण उनके लिए आनन्द का विषय रहे। उन्होंने देश, विदेशों का भ्रमण कर वहाँ के भूगोल का ही ज्ञान नहीं कराया, अपितु उन प्रदेशों और देशों की समस्याओं, उनके समाज और उनके रहन-सहन, उनकी विशेषताओं इत्यादि का स्थान-स्थान पर अपनी पुस्तकों में बड़ा सजीव वर्णन किया है। वे जीवन-दर्शन के जैसे उत्सुक विद्यार्थी थे, देश-दर्शन के भी वैसे ही शौकीन रहे।

काका कालेलकर सच्चे बुद्धिजीवी व्यक्ति थे। लिखना सदा से उनका व्यसन रहा। सार्वजनिक कार्य की अनिश्चितता और व्यस्तताओं के बावजूद यदि उन्होंने बीस से ऊपर ग्रन्थों की रचना कर डाली इस पर किसी को आश्चर्य नहीं होना चाहिए। इनमें से कम-से-कम 5-6 उन्होंने मूल रूप से हिन्दी में लिखीं। यहाँ इस बात का उल्लेख भी अनुपयुक्त न होगा कि दो-चार को छोड़ बाकी ग्रन्थों का अनुवाद स्वयं काका साहब ने किया, अतः मौलिक हो या अनूदित वह काका साहब की ही भाषा शैली का परिचायक हैं। हिन्दी में यात्रा-साहित्य का अभी तक अभाव रहा है। इस कमी को काका साहब ने बहुत हद तक पूरा किया। उनकी अधिकांश पुस्तकें और लेख यात्रा के वर्णन अथवा लोक-जीवन के अनुभवों के आधार पर लिखे गये। हिन्दी, हिन्दुस्तानी के सम्बन्ध में भी उन्होंने कई लेख लिखे।

साहित्यिक कृतियाँ :

गुजराती : हिमालयनो प्रवास, जीवन-व्यवस्था, पूर्व अफ्रीकामां, जीवनानो आनन्द, जीवत तेहवारो, मारा संस्मरणो, उगमानो देश, ओत्तेराती दिवारो, ब्रह्मदेशनो प्रवास, रखादवानो आनन्द।

हिन्दी : महात्मा गाँधी का स्वदेशी धर्म, राष्ट्रीय शिक्षा का आदर्श।

मराठी : स्मरण यात्रा, उत्तरेकादिल भिन्टी, हिन्दलग्याचा प्रसाद, लोकमाता, लतान्चे ताण्डव, हिमालयतिल प्रवास।

काका साहब कालेलकर को 1965 में साहित्य अकादेमी पुरस्कार जीवन-व्यवस्था नामक गुजराती निबन्ध-संग्रह के लिए दिया गया।

1971 में उन्हें साहित्य अकादेमी का फेलो बनाया गया।

1964 में भारतरत्न से नवाजा गया।

काका कालेलकर जी का निधन 21 अगस्त, 1981 में 96 साल की उम्र में हुआ।

गंगा मैया : पाठ-परिचय

भारत को नदियों का देश कहा जाता है। इण्डिया शब्द ग्रीक भाषा के 'इण्डिका' से बना है जिसका अर्थ ही है नदियों का देश। नदियों का यूँ तो मनुष्य सभ्यता के विकास में बड़ा योगदान है। परन्तु भारत में नदियाँ संस्कृति का महत्त्वपूर्ण हिस्सा हैं। नदियों के प्रति भारत में पूजा का भाव है। नदी जीवनदायिनी होती है। इस कारण वह आस्था, श्रद्धा और पूजा-केन्द्र होती है। दुनिया की तमाम बड़ी सभ्यताएँ, संस्कृतियाँ नदियों के किनारे फली-फूली विकसित हुईं। भारत में इसके पर्याप्त तथा प्राचीनतम उदाहरण मिलते हैं।

भारत में नदियों को माँ माना जाता है। यह स्वाभाविक भी है। नदी जीवन का मूल तत्त्व जल हमें उपलब्ध करवाती है। इस कारण भी नदियों को साफ, स्वच्छ तथा बचाए रखने के लिए पूजा भाव जरूरी है। साथ ही उसे धर्म तथा अध्यात्म में मोक्ष से भी जोड़ा गया है। प्रत्येक नदी के साथ धार्मिक, पौराणिक तथा आध्यात्मिक किस्से, कहानियाँ और प्रतीक जुड़े हुए हैं। इस कारण नदी हमारी संस्कृति तथा जीवन का एक अनिवार्य हिस्सा बन जाती है। नदी तीर्थ-स्थान बन जाती है।

धार्मिक-सांस्कृतिक पक्ष के अतिरिक्त नदियों का आर्थिक पक्ष भी अत्यन्त महत्त्वपूर्ण है। नदियाँ आवागमन, यात्रा के साथ व्यापार का माध्यम भी रही हैं।

प्राचीन काल में नदियों का प्रयोग इन उद्देश्यों के लिए होता रहा है। नदियों की एक बड़ी भूमिका धरती को उपजाऊ बनाने में रही है। हम जानते हैं, हिमालय से आने वाली नदियों ने उत्तरी भारत की भूमि को बेहद उपजाऊ बनाया है। पंजाब-हरियाणा का क्षेत्र हो या गंगा-यमुना का बांगर, खादर क्षेत्र, नदियों ने इन्हें समृद्ध और सम्पन्न बनाया है। दक्षिण भारत का पठार क्षेत्र भी खेती व सिंचाई के लिए नदियों पर निर्भर रहा है। दक्षिण भारत पूर्वी तथा पश्चिमी पहाड़ियों से घिरा हुआ है। इसकी नदियाँ कृष्णा, गोदावरी तथा कावेरी पश्चिमी घाट से निकलकर बंगाल की खाड़ी में गिर जाती हैं। इस यात्रा में वे एक बड़े भू-भाग को समृद्ध कर जाती हैं। उत्तर तथा दक्षिण भारत की नदियों में एक बड़ा अन्तर है। उत्तर भारत की अधिकांश नदियों में सदैव पानी रहता है, क्योंकि उनमें हिमालय की बर्फ पिघलकर पानी आता है। जबकि, दक्षिण भारत की नदियाँ वर्षा पर निर्भर हैं, किन्तु फिर भी उनका अपार महत्व है।

यूँ तो नदियों का महत्त्व सर्वविदित है, किन्तु गंगा अन्य नदियों की तुलना में सर्वाधिक प्रसिद्ध, पूजनीय तथा सांस्कृतिक-धार्मिक महत्त्व की नदी है। गंगा के मंदाकिनी, जाह्नवी तथा भागीरथी आदि कई नाम हैं। यह कई सहायक नदियों से बनी है। साथ ही प्रत्येक स्थल पर इसे लेकर पौराणिक कथाएँ, धार्मिक विश्वास तथा कहावतें प्रचलित हैं।

पाठ-सार

'गंगा मैया' काका कालेलकर द्वारा रचित एक ललित निबन्ध है। इस निबन्ध में गंगा के माध्यम से काका कालेलकर भारतीय इतिहास, संस्कृति तथा भौगोलिक विविधता को प्रस्तुत करते हैं। वे गंगा को भीष्म के तत्त्वज्ञान तथा आर्य जाति के आदर से जोड़ते हैं। इस निबन्ध में वे गंगा को माता का दर्जा देते हैं। वे बताते हैं कि गंगा हमारी संस्कृति के साथ-साथ हमारी संतति की पोषक भी है। मेघ धोखा देता तो नदी ही हमारी फसल को पकाती-पालती है।

इसी गंगा मैया के किनारे आर्यों के साम्राज्य स्थापित हुए और विकसित हुए। गंगा का महत्त्व केवल फसलों को सींचने, व्यापार, आवागमन आदि के लिए ही नहीं है बल्कि वाल्मीकि, बुद्ध, महावीर, अशोक समुद्रगुप्त, हर्ष, तुलसी, कबीर आदि से भी है।

अपने उद्गमस्थल से लेकर सागर में गिरने तक में गंगा ने न जाने कितने नगरों, तीर्थस्थानों की रचना की है। इतिहास, संस्कृति तथा भूगोल को बड़े सौन्दर्यपरक ढंग से इस निबन्ध में प्रस्तुत किया गया है।

शब्दार्थ : गंगा मैया

प्रख्यात–प्रसिद्ध, मशहूर; टेक–लाज, सहारा; **निःस्पृहता**–लालच लालसा न होना; **ध्येय**–उद्देश्य, लक्ष्य; **मातृवात्सल्य**–माँ की ममता, स्नेह; **शान-शौकत**–भव्य रहन-सहन; **अंग बंग आदि**–गंगा किनारे का अंग तथा बंग प्रदेश; **संयोग**–मिलन; **शैत्य-पावनत्व**–पवित्रता; **हिमाच्छादित**–बर्फ से ढंका; **दंष्ट्रा**–पकड़; **स्वच्छन्द**–स्वतन्त्र, आजाद, खुला; **माहात्म्य**–महानता; **क्रीड़ा-सक्त**–खेल में ध्यान होना; **दोहरा पाट** –दुगुनी चौड़ाई; **मानिनी**–गर्व से रूठ जाने वाली; **प्रवाहों**–बहावों; **पुरखों**–पूर्वजों; **कुलवधू**–दुल्हन, खानदान की बहू; **संस्मरण**–स्मृति, यादों के अंश; **कोलाहल**–शोर; **विस्तीर्ण**–विस्तृत फैली हुई, विशाल; **प्रचण्ड वारि राशि**–पानी की बहुत ज्यादा मात्रा; **अमोघ वेग**–बहुत तेज बहाव; **वासना**–इच्छा, लालच।

गंगा मैया

काका कालेलकर

1

गंगा कुछ भी न करती, सिर्फ देवव्रत भीष्म को ही जन्म देती, तो भी आर्य जाति की माता के तौर पर वह आज प्रख्यात होती। पितामह भीष्म की टेक, भीष्म की निःस्पृहता, भीष्म का ब्रह्मचर्य और भीष्म का तत्त्वज्ञान हमेशा के लिए आर्य जाति का आदर पात्र ध्येय बन चुका है। हम गंगा को आर्य संस्कृति के ऐसे आधार स्तम्भ महापुरुष की माता के रूप में पहचानते हैं।

2

नदी को यदि कोई उपमा शोभा देती है, तो वह माता की ही। नदी के किनारे पर रहने से अकाल का डर तो रहता ही नहीं। मेघराजा जब धोखा देते हैं तब नदी माता ही हमारी फसल पकाती है। नदी का किनारा यानी शुद्ध और शीतल हवा। नदी के किनारे-किनारे घूमने जायें तो प्रकृति के मातृवात्सल्य के अखण्ड प्रवाह का दर्शन होता है। नदी बड़ी हो और उसका प्रवाह धीर गम्भीर हो, तब तो उसके किनारे पर रहने वालों की शान-शौकत उस नदी पर ही निर्भर करती है। सचमुच नदी जन समाज की माता है। नदी-किनारे बसे हुए शहर की गली-गली में घूमते समय एकाध कोने से नदी का दर्शन हो जाय, तो हमें कितना आनन्द होता है! कहाँ शहर का वह गन्दा वायुमण्डल और कहाँ नदी का प्रसन्न दर्शन! दोनों के बीच का अन्तर फौरन मालूम हो जाता है। नदी ईश्वर नहीं है, बल्कि ईश्वर का स्मरण कराने वाला देवता है। यदि गुरु को वन्दन करना आवश्यक है तो नदी को भी वन्दन करना उचित है।

यह तो हुई सामान्य नदी की बात। किन्तु गंगा मैया तो आर्य जाति की माता है। आर्यों के बड़े-बड़े साम्राज्य इसी नदी के तट पर स्थापित हुए हैं।

कुरु-पांचाल देश का अंगबंगादि देशों के साथ गंगा ने ही संयोग किया है। आज भी हिन्दुस्तान की आबादी गंगा के तट पर सबसे अधिक है।

जब हम गंगा का दर्शन करते हैं तब हमारे ध्यान में तो फसल से लहलहाते सिर्फ खेत ही नहीं आते, न सिर्फ माल से लदे जहाज ही आते हैं; किन्तु वाल्मीकि का काव्य, बुद्ध-महावीर के विहार, अशोक, समुद्रगुप्त या हर्ष जैसे सम्राटों के पराक्रम और तुलसीदास या कबीर जैसे सन्तजनों के भजन—इन सबका एक साथ स्मरण हो आता है। गंगा का दर्शन तो शैत्य-पावनत्व का हार्दिक तथा प्रत्यक्ष दर्शन है।

किन्तु गंगा के दर्शन का एक ही प्रकार नहीं है। गंगोत्री के पास के हिमाच्छादित प्रदेशों में इसका खिलाड़ी कन्या रूप, उत्तरकाशी की ओर चीड़-देवदार के काव्यमय प्रदेश में मुग्धारूप, देवप्रयाग के पहाड़ी और सँकरे प्रदेश में चमकीली अलनन्दा के साथ उसकी अठखेलियाँ, लक्ष्मणझूले की विकराल दंष्ट्रा में से छूटने के बाद हरद्वार के पास उसका अनेक धाराओं में स्वच्छन्द विहार, कानपुर से सटकर जाता हुआ उसका इतिहास-प्रसिद्ध प्रवाह, प्रयाग के विशाल पट पर हुआ उसका कालिन्दी के साथ का त्रिवेणी संगम—हरेक की शोभा कुछ निराली ही है। एक दृश्य देखने पर दूसरे की कल्पना नहीं हो सकती। हरेक का सौन्दर्य अलग, हरेक का भाव अलग, हरेक का वातावरण अलग, हरेक का माहात्म्य अलग।

प्रयाग से गंगा अलग ही स्वरूप धारण कर लेती है। गंगोत्री से लेकर प्रयाग तक की गंगा वर्धमान होते हुए भी एकरूप मानी जा सकती है। किन्तु प्रयाग के पास उससे यमुना आकर मिलती है। यमुना का तो पहले से ही दोहरा पाट है। वह खेलती है, कूदती है, किन्तु क्रीड़ा-सक्त नहीं मालूम होती। गंगा शकुन्तला जैसी तपस्वी कन्या दीखती है। काली यमुना द्रौपदी जैसी मानिनी राजकन्या मालूम होती है। शर्मिष्ठा और देवयानी की कथा जब हम सुनते हैं, तब भी प्रयाग के पास गंगा और यमुना के बड़ी कठिनाई के साथ मिलते हुए शुक्ल-कृष्ण प्रवाहों का स्मरण हो आता है। हिन्दुस्तान में अनगिनत नदियाँ हैं, इसलिए संगमों का भी कोई पार नहीं है। इन सभी संगमों में हमारे पुरखों ने गंगा-यमुना का यह संगम सबसे अधिक पसन्द किया है, और इसीलिए उसका 'प्रयागराज' जैसा गौरवपूर्ण नाम रखा है। हिन्दुस्तान में मुसलमानों के आने के बाद जिस प्रकार हिन्दुस्तान के इतिहास का रूप बदला, उसी प्रकार दिल्ली-आगरा और मथुरा-वृन्दावन के समीप से आते हुए यमुना के प्रवाह के कारण गंगा का स्वरूप भी प्रयाग के बाद बिल्कुल बदल गया है।

प्रयाग के बाद गंगा कुलवधू की तरह गम्भीर और सौभाग्यवती दीखती है। इसके बाद उसमें बड़ी-बड़ी नदियाँ मिलती जाती हैं। यमुना का जल मथुरा-वृन्दावन से श्रीकृष्ण के संस्मरण अर्पण करता है, जब कि अयोध्या होकर आने वाली सरयू आदर्श राजा रामचन्द्र के प्रतापी किन्तु करुण जीवन की स्मृतियाँ लाती है। दक्षिण की ओर से आने वाली चम्बल नदी रंतिदेव के यज्ञयाग की बातें करती है, जब कि महान कोलाहल करता हुआ शोणभद्र गजग्राह के दारुण द्वन्द्व-युद्ध की झाँकी कराता है। इस प्रकार हृष्ट-पुष्ट बनी हुई गंगा पाटलीपुत्र के पास मगध साम्राज्य जैसी विस्तीर्ण हो जाती है। फिर भी गंडकी अपना अमूल्य कर भार लाते हुए हिचकिचाई नहीं। जनक और अशोक की, बुद्ध और महावीर की प्राचीन भूमि से निकल कर आगे बढ़ते समय गंगा मानो सोच में पड़ जाती है कि अब कहाँ जाना चाहिए। जब इतनी प्रचण्ड वारिराशि अपने अमोघ वेग से पूर्व की ओर बह रही हो, तब उसे दक्षिण की ओर मोड़ना क्या कोई आसान बात है? फिर भी वह उस ओर मुड़ गयी है सही। दो सम्राट या दो जगद्गुरु जैसे एकाएक एक-दूसरे से नहीं मिलते, वैसा ही गंगा और ब्रह्मपुत्रा का हाल है। ब्रह्मपुत्रा हिमालय के उस पार का सारा पानी लेकर आसाम से होती हुई पश्चिम की ओर आती है और गंगा इस ओर से पूर्व की ओर बढ़ती है। उनकी आमने-सामने भेंट कैसे हो? कौन किसके सामने पहले झुके? कौन किसे पहले रास्ता दे? अन्त में दोनों ने तय किया कि दोनों को दाक्षिण्य धारण कर सरित्पति के दर्शन के लिए जाना चाहिए और भक्ति-नम्र होकर, जाते-जाते जहाँ सम्भव हो, रास्ते में एक-दूसरे से मिल लेना चाहिए।

इस प्रकार के गोआलंदो के पास जब गंगा और ब्रह्मपुत्रा का विशाल जल आकर मिलता है तब मन में सन्देह पैदा होता है कि सागर और क्या होता होगा? विजय प्राप्त करने के बाद कसी हुई खड़ी सेना भी जिस प्रकार अव्यवस्थित हो जाती है और विजयी वीर मन में आये वैसे जहाँ-तहाँ घूमते हैं, उसी प्रकार का हाल इसके बाद इन दो महान नदियों का होता है। अनेक मुखों द्वारा वे सागर में जाकर मिलती हैं। हरेक प्रवाह का नाम अलग-अलग है और कुछ प्रवाहों के तो एक से भी अधिक नाम हैं। गंगा और ब्रह्मपुत्रा एक होकर पद्मा का नाम धारण करती हैं। यही आगे जाकर मेघना के नाम से पुकारी जाती है।

यह अनेकमुखी गंगा कहाँ जाती है? सुन्दर वन में बेंत के झुण्ड उगाने? या सगरपुत्रों की वासना को तृप्त कर उनका उद्धार करने? आज जाकर आप देखेंगे तो यहाँ पुराने काव्य का कुछ भी शेष नहीं होगा। जहाँ देखो वहाँ पटसन की बोरियाँ बनाने वाली मिलें और ऐसे ही दूसरे बेहूदे विश्री कल-कारखाने

दीख पड़ेंगे। जहाँ से हिन्दुस्तानी कारीगरी की असंख्य वस्तुएँ हिन्दुस्तानी जहाजों से लंका या जावा द्वीप तक जाती थीं, उसी रास्ते से अब विलायती और जापानी आगबोटें (स्टीमरें) विदेशी कारखानों में बना हुआ भद्दा माल हिन्दुस्तान के बाजारों में भर डालने के लिए आती हुए दिखाई देती हैं। गंगा मैया पहले ही की तरह हमें अनेक प्रकार की समृद्धि प्रदान करती जाती हैं। किन्तु हमारे निर्बल हाथ उसको उठा नहीं सकते।

गंगा मैया! यह दृश्य देखना तेरी किस्मत में कब तक बदा है?

मनोहर श्याम जोशी

1933 में जन्मे उपन्यासकार, पत्रकार, पटकथाकार मनोहर श्याम जोशी हिन्दी साहित्य के उन चुनिन्दा साहित्यकारों में से एक हैं जिन्होंने अपनी श्रेष्ठ साहित्यिक कृतियों के साथ-साथ मनोरंजन के सशक्त माध्यम दूरदर्शन द्वारा घर-घर में पैठ बनाते हुए अपनी अमर पहचान बनाई है। भारतीय टेलीविजन के पहले सोप ऑपेरा 'हम लोग' के लेखक के रूप में उनका योगदान सदैव स्मरणीय रहेगा। विज्ञान विषयों से सम्बद्ध होते हुए भी पत्रकारिता, साहित्य लेखन से वे आजीवन जुड़े रहे। अभिव्यक्ति के सभी खतरे उठाने को तत्पर जोशी जी विभिन्न पत्र-पत्रिकाओं में फ्रीलांसिंग करते रहे। 'कूर्मांचली' नाम से उनका लेखन कार्य साहित्य जगत एवं पत्रकारिता जगत में विशेष रूप से सराहा गया। 'धर्मयुग', अज्ञेय के सम्पादन में निकलने वाली 'दिनमान' पत्रिका, हिन्दुस्तान टाइम्स समूह की प्रसिद्ध पत्रिका 'साप्ताहिक हिन्दुस्तान' एवं अंग्रेजी पत्र 'वीक एण्ड रिव्यू' के सम्पादन कार्य में उन्होंने महत्त्वपूर्ण योगदान दिया। व्यावसायिक एवं गम्भीर चिन्तन उनके साहित्यिक व्यक्तित्व को नये आयाम प्रदान करता है। जोशी जी का व्यक्तित्व बहुआयामी है। प्रेस, रेडियो, टी.वी., वृत्तचित्र, विज्ञापन-सम्प्रेषण के लिए उन्होंने सफलतापूर्वक लेखन कार्य किया है। केन्द्रीय सूचना सेवा, आकाशवाणी की हिन्दी यूनिट में बतौर स्टाफ असिस्टेंट उपसम्पादक के रूप में कार्यरत रहते हुए भी वे अनवरत साहित्य रचना में संलिप्त रहे। उनकी प्रकाशित रचनाएँ हैं :

उपन्यास : कुरु-कुरु स्वाहा, कसप, हरिया हरक्युलीज की हैरानी, हमज़ाद ट-टा प्रोफेसर, कैद से छूटा हुआ परमात्मा, एक पेंच और, किस्सा पौने चार यार, महानगरी के नायक, उत्तराधिकारिणी, क्याप।

व्यंग्य संग्रह : नेताजी कहिन, उस देश का यारो क्या कहना!

साक्षात्कार : बातें मुलाकातें (आत्मपरक-साहित्य परक), बातों बातों में।

कहानी-संग्रह : पाँच बेहतरीन कहानियाँ, मनोहर श्याम जोशी की सम्पूर्ण कहानियाँ।

कविता संग्रह : कर्मांचली कविताएँ।

सिनेमा पटकथा लेखन : एक परिचय (मीडिया)।

टेलीविजन धारावाहिक : हम लोग, बुनियाद, बुनियाद-2, बुनियाद-3, मुंगेरी लाल के हसीन सपने, कक्का जी कहिन, हमराही, जमीन-आसमान और गाथा।

फिल्म : भ्रष्टाचार, अप्पू राजा, हे राम, ज़मीन।

बाल-साहित्य : आओ करें चाँद की सैर।

मनोहर श्याम जोशी लेखक को अभिव्यक्ति की स्वतन्त्रता प्रदान करने की दिशा में टेलीविजन को एक सशक्त माध्यम मानकर उससे आजीवन जुड़े रहे। मूलतः पत्रकार होते हुए उन्होंने अपने लेखन में यथार्थ जीवन की कटु सच्चाइयों को आत्मीयतापूर्ण प्रस्तुत करने का जोखिम उठाया। वे स्थितियों को प्रामाणिक ढंग से प्रस्तुत करने में सदैव अग्रसर रहे। यही कारण है कि उनके द्वारा रचित संसार पाठकों अथवा दर्शकों को कभी भी कृत्रिम नहीं लगा। अमृतलाल नागर, रघुवीर सहाय एवं अज्ञेय के सान्निध्य ने उनकी लेखनी को परिपक्वता प्रदान की। खेलकूद से लेकर दर्शनशास्त्र तक ऐसा कोई विषय नहीं जिस पर उन्होंने लेखन न किया हो। विषय-वैविध्य उनकी साहित्यिक कृतियों एवं धारावाहिक फीचर फिल्मों में सर्वत्र दृष्टिगत होता है। सन् 1984 में टेलीविजन धारावाहिक 'हम लोग' का लेखन कार्य आरम्भ कर उन्होंने जोखिम उठाते हुए धारावाहिकों के लेखक के रूप में लेखन की इस विधा का विस्तार किया।

भारतीय टेलीविजन के पहले सोप आपेरा—'हम लोग' के लेखक के रूप में उनका नाम भारतीय टेलीविजन के इतिहास में अमर हो गया। टेलीविजन माध्यम को एक मनोरंजक, लोकप्रिय एवं सशक्त माध्यम के रूप में स्थापित करने में उनके लेखन का कितना योगदान है यह आज भी शोध का विषय बना हुआ है। उनकी लेखनी का चमत्कार ही था कि मास्टर हवेली राम, लाजोजी, बड़की, छुटकी, देवकी भौजाई, मुंगेरी लाल, कक्का जी जैसे पात्र देखते-ही-देखते भारतीय परिवारों का अभिन्न अंग बन गये। व्यावसायिकता और साहित्यिकता का अद्‌भुत समन्वय उनके लेखन की विशिष्टता है। अनूठा कथानक दैनिक क्रिया-कलापों से ही लोकरुचि के विषयों का चुनाव करते हुए वे अपने चुस्त लेखन से ऐसा ताना-बाना बुनने में माहिर हैं जो उनकी सामान्य जीवन के प्रति गहरी समझ, अनुभवजनित स्थितियों की मार्मिकता को दर्शाता है। आम

व्यक्ति की आशाएँ, महत्त्वाकांक्षाएँ, स्वप्न भंग, समाज की भयावह सच्चाइयों को उन्होंने बेहद आत्मीय और प्रामाणिक ढंग से अपनी लेखनी में उकेरा है।

उपन्यास, कहानी हो अथवा धारावाहिक फीचर फिल्में गहरा आत्ममन्थन, सघन समग्रता बोध और बतरस से भरपूर उनकी शैली पाठकों-दर्शकों पर अमिट प्रभाव छोड़ते हुए मार्मिक अनुभूति कराती है। उनके द्वारा लिखित संस्मरण भी साहित्य जगत में अपनी विशिष्ट पहचान रखते हैं। सपाटबयानी एवं मर्मस्पर्शी वर्णन करते हुए उन्होंने संस्मरण-साहित्य की अभिवृद्धि में महत्त्वपूर्ण योगदान दिया है। मनोहर श्याम जोशी का रचना-संसार वैविध्यपूर्ण है। जबरदस्त किस्सागोई, ट्रेजी कॉमिक का चक्कर, खिलंदड़ी भाषा से हिन्दी गद्य साहित्य में उन्होंने 'विलक्षण गद्य' की रचना की!

सन् 2006 में देहावसान।

हृषिकेश मुखर्जी के साथ ढाई दिन : पाठ-परिचय

जिस प्रकार साहित्य समाज के आगे चलने वाली मशाल होता है उसी प्रकार सिनेमा भी समाज का प्रतिबिम्ब होता है। साहित्यकारों तथा फिल्मकारों में बहुत ज्यादा अन्तर नहीं होता। फिल्में दर्शक की रुचियों के अनुसार बनाई जाती हैं तो साहित्य पाठकों की रुचि का निर्माण करता है। सिनेमा एक ऐसा माध्यम है जिसमें से समाज का यथार्थ और आदर्श प्रस्तुत किया जाता है। सिनेमा से जुड़े लोग एकदम वैसे नहीं होते जैसा कि हमें आभास होता है। 'रियल' तथा 'रील' लाइफ में बहुत अन्तर होता है। पर्दे पर जो दिखता है, पर्दे के बाहर वैसा ही हो, यह जरूरी नहीं है। इस कारण जब हम किसी का संस्मरण फिल्मी दुनिया को लेकर सुनते हैं तो बड़ा रोचक लगता है। इसलिए हर समाचार-पत्र, पत्रिका तथा टी.पी., रेडियो पर फिल्मी दुनिया के किस्से खूब चलते हैं।

आज ऐसे टी.वी. शो खासे लोकप्रिय हो गये हैं जिनमें हम फिल्मी दुनिया के किस्से सुनते-जानते हैं। यह जानकर आश्चर्य हो सकता है कि 'सुहाना सफर विद अन्नु कपूर' के बाद ऐसे कार्यक्रमों की बाढ़-सी आ गयी। यहाँ तक कि एफ.एम. तथा रेडियो के विभिन्न कार्यक्रमों में फिल्मी कलाकारों, गीतों, कहानियों से जुड़े हुए किस्से खूब प्रचलित होते जा रहे हैं। अपने प्रारम्भ से ही सिनेमा का रुपहला पर्दा जनसाधारण को अपनी तरफ आकर्षित करता रहा है। इस तरफ के ग्लैमर की तरफ लोगों की रुचि एवं जिज्ञासा में लगातार बढ़ोतरी हो रही है। आवश्यक नहीं कि ये संस्मरण, किस्से, गपशप आदि सदैव सच ही हों। लेकिन जब कोई गम्भीर व्यक्ति इन्हें सुनाता है तो सुनने का मन करता है।

पाठ-सार

मनोहर श्याम जोशी हिन्दी साहित्य के 'जीनियस' तथा लोकप्रिय लेखक हैं। इन्होंने भारतीय टेलीविजन इतिहास का पहला व बड़ा सोप-ओपेरा 'हम लोग' भी लिखा। कई टी.वी. सीरियल्स तथा फिल्मों के लेखक जोशी जी जब फिल्मी दुनिया की बातें करते हैं तो वह भी सरस व साहित्यिक हो जाते हैं।

'हृषिकेश मुखर्जी के साथ ढाई दिन' मनोहर श्याम जोशी कृत संस्मरण पुस्तक 'बातों-बातों में' से लिया गया है। प्रस्तुत संस्मरण में हिन्दी सिनेमा के महान निर्माता-निर्देशक हृषिकेश मुखर्जी के साथ अपने निजी तथा मधुर सम्बन्धों को व्यक्त करते हुए जोशी जी ने सिनेमा के यथार्थ से भी परिचय करवाया है। लेखक ने एक प्रसिद्ध निर्माता-निर्देशन के महत्त्वपूर्ण चारित्रिक पक्षों को उभारा है। यूँ तो लेखक 'हृषि दा' के पास काम माँगने गया था, लेकिन वहाँ जाकर उनके व्यक्तित्व के मानवीय तथा भावनात्मक पक्षों को देख-समझ पाया। पाया कि इतना बड़ा तथा प्रसिद्ध व्यक्ति भी किस प्रकार अवसरवादियों, चापलूसों से घिरा हुआ है। पता लगता है कि हृषि दा बेहद कर्मठ, लगनशील तथा भावुक व्यक्ति भी थे। वह एक समर्पित फिल्म निर्देशक के साथ जीवन-जगत की गहरी समझ रखने वाले जीनियस भी थे। वह अपने काम में 'परफैक्शन' लाने के प्रति हठी, जिद्दी तथा ईमानदार भी थे। वे तुरन्त गुस्सा हो जाते तो तुरन्त भावुक भी हो जाते थे। वह व्यवहारकुशल हैं, सब की सुनते हैं, सब की राय तथा विचारों का स्वागत भी करते हैं लेकिन समझौता नहीं करते, अपनी शर्तों पर जीते हैं। वह बीमार भी हैं लेकिन फिर भी दूसरों से अपनी बात मनवाने के लिए लगातार जूझते रहते हैं। हृषि दा बुरी तरह बीमार हैं और दर्द से पीड़ित हैं, अपने सहायकों पर झल्लाते हैं लेकिन जब बात फिल्मों के निर्माण और दिक्कतों पर होती है तो सारे दर्द व बीमारी को भूलकर वे एक कुशल तथा समर्पित फिल्मकार की भूमिका में आ जाते हैं।

मनोहर श्याम जोशी गये तो थे उन्हें अपनी कहानी सुनाने लेकिन लौटे यह अनुभव लेकर कि साहित्य में सब कुछ लेखक तय करता है और सिनेमा तय होता है दर्शकों की माँग पर।

शब्दार्थ : हृषिकेश मुखर्जी के साथ ढाई दिन

घण्टियाया–फोन की घण्टी बजाई, बैल दी; **आएला है**–आया है, बम्बइया हिन्दी; **प्रचण्ड**–जबरदस्त; **श्वान**–कुत्ता; **किंचित**–थोड़े से, जरा; **किंकर्त्तव्यविमूढ़**–क्या करें क्या ना करें की हालत; **विधुर**–पत्नी की मृत्यु हो जाने पर पति की स्थिति; **बढ़ई**

–कारपेंटर, लकड़ी का काम करने वाला; **मिजाजपुर्सी**–बीमार का हाल पूछना; **मशगूल**–व्यस्त; **मर्ज**–बीमारी; **लाइलाज**–इलाज न होना; **कुतूहल**–हैरानी; **गो**–मगर, किन्तु; **रमा**–मन लग जाना; **पड़ताल**–जाँच, टेस्ट; **माजरा**–माल, मामला; **मुतबातिर** –समझदारी से, शान्ति से; **गर्ज**–जरूरत; **सहसा**–एकदम; **विरक्ति**–लगाव न रहना; **तथाकथित**–बताया गया; **जोड़**–मुकाबला, टक्कर का; मिसाल–उदाहरण; **अल्पज्ञात** –जिसके बारे में कम ज्ञान हो; **बहरहाल**–इस सबके बाद; **प्रस्तावित**–कही गयी; **प्रौढ़**–जवानी के बाद की अवस्था; **दिग्दर्शक**–फिल्मकार; **ब्यौरा**–डिटेल्स, विवरण; **सौ फीसदी**–शत प्रतिशत; **झल्लाहट**–गुस्सा करना; **विरक्ति**–लगाव न रहना, अरुचि; **पस्त**–थका, हारा; **जमाखोर**–ब्लैक मार्किट करने वाला; **उपयुक्त**–ठीक; **बदस्तूर**–जैसा कि रिवाज है; **दराज्जा**–दरवाजा; **गुरु गम्भीर**–बहुत गम्भीर, ज्यादा सीरियस; **छककर**–जी भरकर; **पोथा**–भारी पुस्तक; **पेचवाला**–कठिन; **नवतारिकानुमा**–नयी नायिका, हीरोइन जैसी; **अभिभावकों**–माता-पिता।

हृषिकेश मुखर्जी के साथ ढाई दिन

मनोहर श्याम जोशी

हमें भी जाने क्या सूझी! ईश्वर और कमलेश्वर का नाम लेकर बम्बई जा पहुँचे। उद्देश्य–सिनेमा को अपनी साहित्यिकता प्रदान करना उर्फ अपनी साहित्यिकता को सनेमा का सहारा देना। जाते ही बम्बइया इण्डस्ट्री में अपने एकमात्र मित्र श्री हृषिकेश मुखर्जी उर्फ हृषिदा को घण्टियाया। बार-बार। हर बार उधर से एक अपरिचित आवाज सुनाई दी, 'आप कऊन?' चौदह वर्ष के दिल्ली वास के लगभग भुला दी गयी बम्बइया बोली को फिर से याद करते हुए हम हर बार कहते रहे कि हृषिदा को बोलो दिल्ली से जोशी आएला है, उसे कोई जरूरी बात करने का है–क्या? हर बार यही सुनने को मिला कि सा'ब घर पर नहीं हैं, जबी आयेगा तो बोल देंगा–क्या। आखिर रात के साढ़े दस बजे सा'ब फोन पर उपलब्ध हुआ और उसने अपनी खास गद्गद शैली तथा बंगाली लहजे में कहा? "आरे जोशि; कभी आया बम्बई, डाइरेक्ट इधर आ जाता! तो अभी आ जाओ न! हाँ लेट तो हो गिया है काल, शौकाले फर्स्ट थिंग इन द मार्निंग अऊर कोई प्रोग्राम नहीं है बस अपन दू जने बात करेंगे।"

तो अगले दिन सुबह टैक्सी लेकर हृषिकेश मुखर्जी की कार्टर रोड स्थित कोठी 'अनुपमा' पर पहुँचे। सागर-तट की शान्त-एकान्त बस्ती में भी इधर काफी परिवर्तन हुआ है लिहाजा कोठी ढूँढ़ने में थोड़ी दिक्कत हुई। कोठी के गेट पर 'कुत्तों से सावधान' की तख्ती बदस्तूर लटकी हुई थी और अन्दर लान पर छोटी विलायती नस्लों के कई सफेद कुत्ते गहन समाधि लेकर प्रचण्ड आक्रमण तक की विभिन्न मुद्राओं में उपस्थित थे। इस शानदार श्वान-स्वागत में हम किंचित किंकर्त्तव्यविमढ़ हुआ चाहते थे कि भीतर से हृषिदा की आवाज आयी, "आरे देखो बाहिर कऊन आया है अऊर जरा कुत्ता लोग को बाँधो।"

एक भृत्य प्रकट हुआ और हमें सही-सलामत अन्दर तक पहुँचा आया।

हृषिदा का घर पहले भी हर पहुँचे हुए इण्टैलेक्चुअल के घर की तरह खासा अस्त-व्यस्त रहता था। पर इस बार कुछ ज्यादा ही अस्त-व्यस्त नजर आया। शायद उसका कारण यह था कि विधुर होने के बाद हृषिदा इस दुमंजिली कोठी में अकेले हैं। फिर कुछ यह भी था कि नीचे की मंजिल पर अपनी बैठक को वह फिल्म देखने के कक्ष का रूप दिलवा रहे थे और इस सिलसिले में बढ़ई लोग व्यस्त थे।

जब हम बैठक में दाखिल हुए हृषिदा अपने प्रिय तख्त पर कई आकार-प्रकार के तकियों के सहारे अधलेटे थे। छोटे-मोटे कुत्ते तख्त पर और तख्त के आस-पास उछल-कूद मचाये हुए थे। एक अपरिचित सज्जन हृषिदा की मिजाजपुर्सी में मशगूल थे और कुछ इतनी गम्भीरता से कि शुरू में हम उन्हें डॉक्टर समझे।

हृषिदा ने फौरन तकिये का सहारा लेकर उठने की एक विफल कोशिश की और एक कराहती हुई आवाज में हमारा स्वागत किया। और यह सूचना दी, 'मनोहर, अरे यू डाण्ट नो आई हैव बीन सो सीक, सो सीक।'

हृषिदा बीमार हैं यह सुनकर हमें याद आया कि हृषिदा की बीमारी का इतिहास इतना लम्बा है कि बम्बइया इण्डस्ट्री के लिए यह बीमारी एक मजाक बन चली है। ऐसा नहीं कि वह रुग्ण न हों। उन्हें हाथ और पाँव के जोड़ों में बहुत बुरा गठिया है और मर्ज लगभग लाइलाज है। लिहाजा उसके विभिन्न उपचार चलते रहते हैं जो सभी साथियों के लिए कुतूहल का विषय बनते हैं। फिर कुछ यह भी है कि रोगी होने के बावजूद वह काम तो किये चले जाते हैं, गो बीच-बीच में खाट पकड़ लेने की धमकी देते रहते हैं। यह भी गौरतलब है कि हृषिदा के गठिया के दर्द का मूड से भी बहुत सम्बन्ध रहता है। मूड उखड़ा तो दर्द से कराहने लगे, मूड काम में, बातचीत में या शतरंज खेलने में रमा तो दर्द भूल गये।

इस समय हृषिदा बम्बई के विख्यात अस्पताल 'जसलोक' में दो हफ्ते रहकर अपने रोग की विस्तृत पड़ताल करवा के आये थे। पड़ताल के सिलसिले में जोड़ों का ऑपरेशन भी किया गया था, यह देखने के लिए कि कहीं कोई और माजरा तो नहीं। लेकिन सारी पड़ताल के बाद रोग वही लगभग लाइलाज 'गाउट' निकला। हृषिदा ने पड़ताल के हर पक्ष से हमें अवगत कराया। मिजाजपुर्सी के लिए आये दुबले-पतले चश्माधारी सज्जन अपनी प्रश्नावली से इस चर्चा को कुछ और मेडिकल बनाते रहे।

हम मुतबातिर चुप चले आ रहे थे लिहाजा कुछ कहने की गर्ज से हमने बताया कि कैसे हमारी पत्नी के भी बहुत दर्द हो गया था और दिल्ली के एक

मशहूर डाक्टर ने उन्हें दर्द दबाने और बात दूर करने की कोई भी एलोपैथिक दवा नहीं लेने दी। हृषिदा ने इस घटना का और सम्बद्ध डाक्टर की योग्यता का पूरा ब्योरा हमसे चाहा।

हृषिदा को, जो बात करते-करते इधर उठ बैठे थे, सहसा याद आया कि मैं बीमार हूँ। तो एक लम्बी कराह भरकर वह लेट गये। उनकी कराह सुनकर एक वृद्ध गुजराती महिला भीतर से आयीं। उनके हाथ में पानी का गिलास और दर्द दबाने वाली दवा की कैप्सूल थी। उन्होंने हृषिदा से अनुरोध किया कि कैप्सूल खा लें। हृषिदा ने इनकार किया और फिर वृद्ध को बताया कि कैस ए अमारा दोस्त जोशि को बहुत दर्द हो गिया था लेकिन दिल्ली का सबसे बड़ा डाक्टर ऐसा दवा खाने को मना कर दिया। हमने हृषिदा को याद दिलाया कि मामला हमारा नहीं, हमारी पत्नी का था। लेकिन हृषिदा इस घटना के अपने ही संस्करण पर कायम रहे और बाद में मिजाजपुर्सी के लिए आने वाले कई लोगों को, जिनमें विनोद मेहरा और जया भादुड़ी भी शामिल थे, हृषिदा ने जोशि के जोड़ों में दर्द होने पर दिल्ली के सबसे बड़े डाक्टर द्वारा एलोपैथिक दवा न दिये जाने का किस्सा सुनाया। कुल मिलाकर यह कि उस दिन दवा के प्रति अपनी विरक्ति पर अडिग रहे।

वृद्धा ने कहा कि दवा नहीं खाते तो कुछ नाश्ता तो कर लो। हृषिदा कुछ जवाब देते उससे पहले ही उसने नौकर को बुलाकर अपने हाथ से बनाया हुआ शुद्ध गुजराती ढंग का नाश्ता मेज पर लगवा दिया। हृषिदा ने वृद्धा का परिचय अपनी धर्म माँ के रूप में कराया और बताया कि किस तरह अस्पताल में भर्ती होने की सूचना मिलते ही यह विमान द्वारा अहमदाबाद से यहाँ आ गयी थीं। हृषिदा के इस तरह के गैर-फिल्मी और गैर-बंगाली स्वजनों की सूची बहुत लम्बी है। नाश्ते के बाद बातचीत चल रही थी कि उनकी एक मराठी बहन आ गयीं जो हृषिदा की गरदन, कोहनियों, घुटनों और टखनों पर सहारे के लिए रखे हुए तकियों के कोण बदलने में व्यस्त रहीं।

हृषिदा के यूनिट के लोग भी उनके लिए पारिवारिक प्राणियों की हैसियत रखते हैं। यह भी है कि परिवार के मुखिया के नाते वह इस बात को बहुत पसन्द नहीं करते कि उनके इस फिल्मी परिवार की प्रतिभा परिवार से कहीं बाहर जाये। यूनिट के स्वामिभक्त सदस्यों की भीड़ अब बाहर बरामदे में जमा होने लगी थी। भीतर भी हमारी तरह के कई एक-दूसरे से सर्वथा अपरिचित किन्तु हृषिदा से घनिष्ठ गैर-फिल्मी लोग विराजमान थे। अगर किसी चीज का अभाव था तो फिल्मी दरबार के लिए अनिवार्य चमचों का। यह उल्लेखनीय है

कि हृषिदा के यहाँ उनके स्वजन या मित्र किस्म के लोग बहुत मिल जाते हैं, चमचे नहीं। यह भी कि स्वयं हृषिदा ने कभी चमचागिरी नहीं की।

इस भीड़-भाड़ में अपने साहित्यिक की सिनेमाई महत्त्वाकांक्षाओं की जिक्र करते हुए हमें संकोच हो रहा था। लिहाजा विमल दत्त का सहारा लिया और उसने हृषिदा को बँगला में याद दिलाया कि जोशी अपनी तथाकथित साहित्यिक प्रतिभा को बम्बइया सिनेमा से ब्याहने के लिए पाँच प्यारे 'प्रपोजीशन' लेकर आये हुए हैं और आपने आज उन्हें इसी सिलसिले में बात के लिए बुलाया है। फिल्मी कहानी का नाम सुनकर हृषिदा बीमार से पुनः फिल्मकार बन गये। यानी अब तक तकियों का सहारा लिए लेटे थे और अब उठ गये। उन्हें हमने पाँचों कहानियों की थीम सुनानी चाही लेकिन आदेश हुआ कि एक समय में एक। पहली कहानी के बारे में हमने बताया कि यह अमुक अमेरिकी उपन्यास से प्रेरित है। इसके बाद हृषिदा ने थीम सुनने की कोई जरूरत नहीं समझी क्योंकि उन्होंने न सिर्फ वह उपन्यास पढ़ रखा था बल्कि लगभग 26 वर्ष पहले उस पर बनी हॉलीवुड की बहु-पुरस्कृत फिल्म उन्हें शाट-दर-शाट याद थी। हृषिदा में इस तरह की याददाश्त आश्चर्यचकित है। यों इस मामले में उनके छोटे भाई उनसे भी अधिक पहुँचे हुए हैं। हमें याद आया कि हृषिदा जब अपने पटकथा-लेखक से बात कर रहे होते हैं तब उनके छोटे भाई सम्बद्ध सीन के लिए बीसियों देसी-विदेशी फिल्मों के प्रसंगों का उल्लेख कर डालते हैं। जहाँ तक साहित्यिक ज्ञान का सम्बन्ध है बम्बइया इण्डस्ट्री में शायद ही हृषिदा मुखर्जी के जोड़ का कोई और व्यक्ति हो। मिसाल के लिए इस मुलाकात के समय हमारे हाथ में अमेरिकी आलोचक एडमण्ड विल्सन की अल्पज्ञात और एकमात्र कथाकृति 'मैमोयर्स आफ हैकेट काउण्टी' थी और यह भी हृषिदा की पढ़ी हुई निकली। इसके सम्बन्ध में उन्होंने हमसे बात की। बहरहाल अमेरिका से उड़ाई हुई हमारी फिल्मी कहानी नम्बर-1 हृषिकेश मुखर्जी के लिए कोई अनजान चीज नहीं थी और उन्होंने कहा कि अगर तुमने इसका बम्बइया फिल्मों की दृष्टि से अच्छी तरह रूपान्तर किया हो तो मैं निश्चय ही इसे बनाना चाहूँगा। उन्होंने बताया कि इस समय मेरी चार फिल्में लगभग तैयार हैं और जनवरी-फरवरी से मुझे चार फिल्में और शुरू करनी हैं। इन प्रस्तावित फिल्मों में से एक के निर्माता के पुत्र बाहर यूनिटवालों के साथ बैठे हुए थे। हृषिदा न उन्हें बुलवाकर हमारा परिचय प्रस्तावित फिल्म के सम्भावित लेखक के रूप में दे डाला। यह ऐलान भी हुआ कि फिल्म की कहानी मोहन स्टूडियो चलकर सुनी जायेगी। क्योंकि यहाँ बहुत भीड़-भाड़ है।

इसके बाद हृषिदा की निर्माणाधीन फिल्मों की चर्चा चल निकली। इनमें से तीन के विषय में वह विशेष उत्साही मालूम होते थे। एक बेरोजगार नवयुवक के बारे में है, दूसरी प्रौढ़ होकर शिक्षा ग्रहण करने वाले एक व्यक्ति के बारे में और तीसरी तस्करों के विषय में। इन तीनों फिल्मों के बारे में उन्होंने जो कुछ बताया उससे ऐसा महसूस हुआ कि हृषिदा 'अभिमान' या 'मिली' की भावुकता से हटकर 'सत्यकाम' या 'नमकहराम' की सामाजिक प्रतिबद्धता की ओर बढ़ना चाहते हैं।

निर्माणाधीन फिल्मों की बात चल ही रही थी कि उनमें से एक नायक विनोद मेहरा आ पहुँचे। वह हाल ही में अमेरिका में लोकेशन शूटिंग से लौटे थे और हृषिकेश के लिए बतौर उपहार फाउण्टेनपेन लाये थे। बहुत श्रद्धा से उन्होंने पेन भेंट किया और अपनी अमेरिकी यात्रा का संक्षिप्त विवरण देने के बाद उन्होंने यह जानना चाहा कि हृषिदा का स्वास्थ्य कैसा है।

बस हृषिदा शुरू हो गये। रोग पड़ताल का उन्होंने विस्तार से विवरण दिया और फिर यह बताया कि अब मैंने सब एलोपैथिक दवाएँ छोड़ दी हैं। शायद इससे उन्हें याद आया कि जब दर्द को दबाने वाली दवाएँ नहीं ली जा रही हैं तब दर्द अपनी जगह पर कायम होगा। वह फिर कराहते हुए लेट गये और तकिया विशेषज्ञ बहन ने उठकर सारे तकिये नये सिरे से जमा दिये।

विनोद मेहरा के बाद जया भादुड़ी आयीं, राही मासूम रजा आये, कुछ निर्माता आये और सबने हृषिदा को भयंकर दर्द से छटपटाते हुए देखा। हृषिदा ने ऐलान किया कि अब मैं मोहन स्टूडियो नहीं जाऊँगा। उन्होंने यूनिट वालों को बुलाकर काम समझाना शुरू किया। इस क्रम में वह अपना दर्द फिर भूलने लगे।

हृषिदा उन दिग्दर्शकों में से हैं जो फिल्म का एक-एक ब्योरा शूटिंग से पहले तय कर लेना चाहते हैं और हर काम सौ फीसदी अपनी मर्जी के मुताबिक होता देखना चाहते हैं। और तो और, हृषिकेश मुखर्जी अपनी फिल्मों के अधिकतर संवाद भी खुद ही बंगला में तय कर देते हैं। इस तरह से काम करने वाला आदमी जब एक साथ कई फिल्में बना रहा हो तब स्वाभाविक है कि झल्लाहट के मौके बहुत आते हैं। इस समय भी आये। यूनिट वालों ने बंगला में बोलते-बोलते जब भी वह झल्लाते, बम्बइया हिन्दी के कलकतिया संस्करण पर उतर जाते। इस झल्लाहट के बाद, सम्पूर्ण विरक्ति अंग्रेजी में अभिव्यक्त होती।

यूनिट वालों से इस बातचीत के बाद निर्माताओं के आदमियों की बारी आयी। उनमें से एक ने बताया कि मैंने शूटिंग के लिउ दिन में दो बजे से

शुरू होने वाली शिफ्ट ली है। हृषिदा ने कहा, "आप जो भी शिफ्ट रखें, मैं छह बजे चला जायेगा। अरे बाबा, अस्पताल वाला तो छोड़ते नहीं थे। एट माइ ओन रिस्क में आ गिया, शूटिंग का वास्ते में। डाक्टर मेहता को प्रोमिस किया जे डायाथर्मी का वास्ते रोज साढ़े छह बजे आऊँगा। अब तुम्हारा स्टार सैट पर पाँच बजा आयेगा तो भी हृषिदा तो छह बजा में चला जायेगा। घण्टाभर में जो हो, सो हो, नाट अ मीनिट मोर। तब ये नहीं कहना कि हृषिदा एक-दो शाट और कर लो—हँ-हँ। स्टार का डेट फिर मिलेगा नहीं—हँ-हँ प्लीज। ओ तो हमसे सकेगा नहीं। आई काण्ट कील माइसेल्फ।"

इतना कह कर हृषिदा फिर दर्द से पस्त हो गये।

जब दूसरे निर्माता का आदमी आया और निर्माणाधीन फिल्म के सैटों की बात होने लगी तब हृषिदा का दर्द फिर कम होने लगा। उस आदमी से हृषिदा तब खफा हुए जब उसने सूचना दी कि जमाखोर के गोदाम के लिए कुल दो सौ बोरों का प्रबन्ध हो पाया है। हृषिदा बोले, "अभी दो सौ से कैसे काम चलेगा? मैं तो बोल दिया था कि आई वाण्ट हाण्ड्रेड्ज एण्ड हाण्ड्रेड्ज ऑफ बैग्स। एक बोरे पर दूसरा यहाँ से वहाँ तक और ओ ऊपर तक आई वाण्ट टु टिल्ट एण्ड पैन।" हृषिदा के हाथ बोरों को फिल्माते हुए कैमरे की तरह घूमने लगे, "अरे नहीं मिलता सीमेण्ट तो रेत भरो, कुछ भरो। कम-से-कम अढ़ाई हजार बोरा रखो।"

इस पर निर्माता के आदमी ने कह दिया कि खर्च बहुत हो जायेगा। बस, हृषिदा उखड़ गये, "अभी स्टार को पाँच लाख रुपये देने का होगा तो सकेगा—हँ! और जे हृषिकेश मुखर्जी स्टूडियो के बाहेर में फव्वारा का सैट ठीक करने को दो हजार रुपया लगाने को कहेगा तो नहीं सकेगा—हँ! दो हजार में फिल्म ओवर बजट हो जायेगा, पाँच लाख में नहीं होगा।" और फिर हमसे मुखातिब होकर, "एण्ड मनोहर तुम जैसा लोग बोलेगा कि हृषिदा अच्छा फिल्म नहीं बनाता।"

पूरी विरक्ति से हृषिदा ने ऐलान किया, "आई काण्ट मेक फील्म्स लाइक दीस," और कराहते हुए लेट गये।

इस संन्यास घोषणा के बाद यूनिट के सदस्यों ने उपयुक्त गम्भीर मुद्रा धारण की और विमल दत्त हृषिदा के पास जाकर खड़े हो गये। कुछ देर के मौन के बाद उन्होंने बहुत ही शान्त स्वर में हृषिदा से बांग्ला में वार्तालाप शुरू किया जो 'आप निश्चिन्त रहें, ऐसा कर दिया जायेगा।' ये शुरू हुआ 'तो विमल बाबू लगे हाथ ऐसा भी कर दो, ऐसा भी कर दो, ऐसा भी कर दो'

पर खत्म हुआ। विमल दत्त और यूनिट के दूसरे लोग स्टूडियो जाने के लिए बाहर निकले और हम भी उनके साथ हो लिए। हृषिदा ने ऐलान किसा कि 'कल सबेरे से स्टूडियो में मेरे एडिटिंग रूप में जोशी की कहानी पर बैठक होगी, नो बड़ी शुड डिस्टर्ब अस।' उन्होंने हमसे कहा कि कल सुबह ही यहाँ आ जाओ, नाश्ता करके उधर चलेंगे।

कुछ देर के लिए यूनिट वालों के साथ मोहन स्टूडियो गये, ग्लैमरहीन वातावरण में ग्लैमर का निर्माण होते देखा, यह सूचना प्राप्त की कि हृषिदा अपना एडिटिंग रूम एक अन्य दिग्दर्शक को दिये हुए हैं, लिहाजा कल यहाँ स्टोरी कान्फ्रेन्स होने की बात में कोई दम नहीं हैं। हमने यूनिट वालों से जिज्ञासा की कि जब हृषिदा इतने अस्वस्थ और नाराज हैं तब केवल छह दिन बाद सभी फिल्मों के शूटिंग का कार्यक्रम शुरू कैसे हो सकेगा। उन्होंने हमें आश्वस्त किया कि हृषिदा अब भी बदस्तूर रूठने के बाद मनाने पर मान भी जाते हैं। और जब काम शुरू करेंगे तब उन्हें साढ़े छह बजे की डायाथर्मी की याद नहीं रहेगी।

स्टूडियो में हृषिदा के कमरे पर एक बड़ा-सा नोटिस लगा हुआ था—'यहाँ शतरंज न खेलें।' और ऐन उसी नोटिस के नीचे बाजी जमी हुई थी! हृषिदा की यूनिट में काम करने वाला हर व्यक्ति देर-सवेर अन्तर्राष्ट्रीय शैली का शतरंज खेलना और बांग्ला बोलना सीख लेता है। वक्त काटने के लिए हमने भी यूनिट के सदस्य के साथ शतरंज खेली और किसी फ्लूक से लगातार दो बाजियाँ जीत गये। यह जीत हमें अगले दिन काफी महँगी पड़नी थी।

दूसरे दिन सुबह-सुबह जब हम हृषिदा के यहाँ पहुँचे वह बाहर बरामदे में विमल दत्त के साथ निर्माणाधीन फिल्म के कुछ दृश्यों को अन्तिम रूप दे रहे थे ताकि राही मासू रजा संवाद तैयार करने में जुट सकें। इससे निपटने के बाद हृषिदा ने हमें सूचना दी कि मोहन स्टूडियो में तो एडिटिंग रूम में कोई और काम कर रहा है। लिहाजा स्टोरी सैशन यहीं होगा।

उन्होंने आश्वस्त किया...'कोई आयेगा नहीं इधर, हम-तुम और विमल बाबू तीन जन बैठकर डिस्कस करेगा, दराज्जा बन्द कर देगा और बोल देगा कि हम इधर नहीं हैं।'

इस आश्वासन के बाद एक पेच, ''मगर हाँ, मनोहर यू नो समथिंग वैरी फार्चूनेट! कालकाटा का सबसे बड़ा आर्थोपेडिक सर्जन वह अपना फेमिली का साथ में कहीं जाता है, इण्टरनेशनल कान्फ्रेन्स में तो मैं बोला आप होटल

क्यूँ जाते, इधर ही आ जाओ। ही विल कम, आयेगा और मुझे एक्जामिन करेगा। वेरी फार्चूनेट!"

इसका स्पष्ट अर्थ यह था कि स्टोरी-सैशन डाक्टर साहेब के आने और एक्जामिन करने से पहले शुरू होने वाला नहीं है। थोड़ी देर बाद यह रहस्य खुला कि डाक्टर साहेब और उनका परिवार ही नहीं, कई और लोग भी बदस्तूर आ रहे हैं। देखते-ही-देखते फिल्मी और गैर-फिल्मी लोगों का मजमा लग गया। यूनिट के सदस्य बाहर बरामदे में शतरंज खेलने लगे। हमने हृषिदा के पुस्तकालय से उठाये हुए एक ताजा अमेरिकी उपन्यास को पढ़ने की कोशिश की लेकिन उस हंगामे में गुरु-गम्भीर किस्म का यह उपन्यास पढ़ा नहीं जा सका। लिहाजा शतरंज की बाजी देखने लगे। हृषिदा के यहाँ शतरंज की बढ़िया मार्बल-टॉप मेज है और उसी के अनुरूप बड़े-बड़े कलात्मक मोहरे भी। हृषिदा एक निर्माता से बात करके मेज की तरफ आये तो हमने उनसे कहा कि न हो तो डाक्टर साहेब के आने तक भीतर स्टोरी-सैशन ही कर डाला जाये।

वह बोले, "ओ भी होगा, लेकिन पहला थोड़ा चैस। हम सुना काल स्टूडियो में हमारा असिस्टेंट को हरा दिया तुम। अभी हमसे खेलो।"

खेले और छककर हारे। हृषिदा शतरंज के उस्ताद हैं। इस खेल पर कोई पाँच सौ किताबें उनके पुस्तकालय में हैं और खेल के हजारों नक्शे उन्हें याद हैं। तो प्रतिद्वन्द्वी की जगह वह प्रशिक्षक बन बैठे और ढाई घण्टे विभिन्न 'गेम्बिट' समझाते रहे। शतरंज का सिलसिला डाक्टर साहेब के आने पर ही खत्म हुआ।

डाक्टर साहेब ने लंच से पहले हृषिदा की जाँच की और कहा कि आपको एलोपैथिक दवाएँ सहसा नहीं छोड़नी चाहिए। इस फतवे से ही हृषिदा होमियोपैथी परीक्षा भूल गये। गो पिछले दिन लन्दन के होमियोपैथ के बम्बइया अनुयायी उनकी परीक्षा शाम को आकर कर गये थे। अब हृषि ने जोशि समेत सब आने-जाने वालों को यह बताना शुरू किया कि कालकाटा के इण्टरनेशनल फ़ेमस डाक्टर ने ऐलोपैथिक दवा लेते रहने की आवश्यकता पर जोर दिया। जोशि को सूचित किया गया कि स्टोरी सैशन लंच के बाद शुरू होगा।

लंच के दौरान हृषिदा डाक्टर साहेब के परिवारजनों से नितान्त घरेलू अन्दाज में बात करते रहे, पर डाक्टर परिवार उन्हें बम्बइया ग्लैमर इण्डस्ट्री की एक हस्ती के रूप में ही देखता-सम्बोधित करता रहा।

लंच के बाद हृषिदा ने सारी एलोपैथिक गोलियाँ खायीं और उनके प्रभाव से उनींदे हो चले। उन्होंने कहा, "मनोहर, मैं सारी रात सो नहीं सका। इट

वाज सो पैनफूल, सो पैनफूल अभी क्या कहे। मैं जरा लेटेगा, पन्द्रह मिनट। उसके बाद स्टोरी सैशन। ठीक है तो।" हमने कहा, "ठीक है।"

फिर हम विमल दत्त के साथ बाहर बरामदे में बतियाते रहे और हृषिदा के जागने की प्रतीक्षा करते रहे। अनुभवी विमल दत्त ने बताया कि हृषिदा की पन्द्रह मिनट में जागनें की कोई सम्भावना नहीं है। कहीं चले चलें, शाम को आकर देखेंगे। लेकिन हम डटे रहे और विमल दत्त को भी रोके रहे। पन्द्रह मिनट के तीन घण्टे हो गये लेकिन हृषिदा की नींद नहीं टूटी। हारकर विमल दत्त के साथ निकल आये। कई जगह से फोन किया और एक ही उत्तर पाया, साब अभी सोयेला है। फिर जब भी फोन किया एंगेज्ड पाया।

अगले दिन सुबह हृषिदा को फिर फोन किया और उन्होंने कहा, "भाई काल जो हुआ, उसके लिए तो आई एम वैरी सारी, आज तुम डेढ़ बजे आ जाओ तो। कोई गड़बड़ नहीं होगा, दिस आई प्रामिस।"

हम पहुँचे और सचमुच कोई गड़बड़ नहीं हुई। हृषिदा अकेले थे और हमारे इन्तजार में थे। हमारे पास रूपान्तरित उपन्यास का पूरा पोथा था। हृषिदा ने कहा, "इसे अभी पढ़ो मत, पहला अपने ही ढंग से बताओ कि यह कहानी किस तरह एडेप्ट किया है।" हमने सुनाना शुरू किया। जहाँ कहीं भी हम किसी महत्त्वपूर्ण दृश्य का उल्लेख करते, हृषिदा कहते इसे अपने एडेप्टेशन में से पूरा पढ़कर सुनाओ। वह आँख मूँद कर कहानी सुन रहे थे और कभी-कभी शक होता था कि ऊँघ न रहे हों। इस शक के मारे हम रुक जाते तो वह कहते, "आगे बोलो, आउर फिर क्या हुआ!" कहानी पूरी सुन लेने के बाद, हृषिदा ने उपन्यास में से, कुछ दृश्य फिर सुने। अब हम इस इन्तजार में कि वह कोई फैसला दें।

फैसला—"बात यह है मनोहर, जब तुम कहा कि उस अमेरिकी उपन्यास का एडेप्टेशन किया है तब फौरन हमारा दिमाग में यह आया कि जे आशोक कुमार के लिए बढ़िया फिलीम बन सकता है। लेकिन इसमें तुम बाप का करैक्टर बिल्कुल वैसा ही रखे जैसा ओरिजिनल में है ऐसा जला-भुना बाप दर्शक लोक का सिम्पैथी कइसा लेगा, जबकि वह जो कहता है सो ठीक है। बेटी का करैक्टर तुम वैसा ही रखा सो ठीक किया। उसका प्रेमी का करैक्टर भी थोड़ा बदल देने से ठीक होता था कि सब उसको बहुत अच्छा समझें सिर्फ बाप पहचाने कि ओ बदमाश है। बेटी का फ्रेण्ड का करैक्टर तुम बदला उसे निट-विट बनाया मूरख-सा, सो ठीक किया कामेडी रिलीफ के लिए। लेकिन

अगर तीनों मेन करैक्टर में सभी पेचवाला रखेगा, सभी को एक तरह से गलत, एक तरह से ठीक बनायेगा तो हमारा आडियेंस एक्सेप्ट नहीं करेगा। और जे तुम चाहेगा कि कुल इन तीन करैक्टर को लेकर दो घण्टे का फिलीम बनायें तो ओ भी पासिबल नहीं। दो-चार साइड करैक्टर लेना होगा।''

हमें मजाक सूझा, ''असरानी, डेविड, वगैरह।''

हृषिदा बोले, ''ओ जोक का बात नहीं। हिन्दी फिल्म का आडियेंस ऐसा स्ट्रेट ड्रामा नहीं चाहते कि बस तीन करैक्टर आपस में टकराता है और तीनों में कौनो पेच है जे। ऐसा ड्रामा लेगा तो फिलीम या छोटा हो जायेगा बहुत या फिर ड्रेग करेगा।''

इसके बाद हृषिदा ने परिवर्तनों की एक लम्बी सूची सुझाई और कहा कि अगर इनको कर डालो और कहानी में बेटी का जगह बाप को सेण्टर में करो तो आशोक कुमार का अच्छा फिलीम बन सकता है। इसमें सीड है, यू डैवलेप इट दैट्स ऑल। अगर यहाँ रहेगा तुम तो रिवाइज्ड स्टोरी के लिए अगला सैशन में फिक्स कर सकता। अगर देहली जायेगा तो वहाँ से फिर उपन्यास का शक्ल में लिख कर भेजना होगा।

दोनों ही बातें मेरे लिए सम्भव नहीं थीं, लिहाजा अपनी सिनेमाई आकांक्षाओं से और हृषिकेश मुखर्जी से एक साथ विदा ली। हृषिकेश बाहर तक साथ आये। बरामदे में एक नव-तारिकानुमा बंगालन अपने अभिभावकों के साथ प्रतीक्षारत बैठी थी।

मनीषा कुलश्रेष्ठ

जन्म : 26 अगस्त, 1967, जोधपुर।

शिक्षा : बी.एससी., एम. ए. (हिन्दी साहित्य), एम. फिल., विशारद (कथक)

प्रकाशित कृतियाँ :

कहानी संग्रह : कठपुतलियाँ, कुछ भी तो रूमानी नहीं, बौनी होती परछाईं, केयर ऑफ स्वात घाटी, गन्धर्वगाथा, अनामा।

उपन्यास : शिगाफ, शालभंजिका, पंचकन्या।

अनुवाद : माया एंजलू की आत्मकथा 'वाय केज्ड बर्ड सिंग' के अंश, लातिन अमेरिकी लेखक मामाडे के उपन्यास 'हाउस मेड ऑफ डॉन' के अंश, बोर्हेस की कहानियों का अनुवाद।

पुरस्कार, सम्मान और फेलोशिप : कृष्ण बलदेव वैद फेलोशिप 2007, रांगेय राघव पुरस्कार 2010 (राजस्थान साहित्य अकादमी), कृष्ण प्रताप कथा सम्मान 2011, गीतांजलि इण्डो-फ्रेंच लिटरेरी प्राइज 2012 ज्यूरीअवार्ड, रज़ा फाउण्डेशन फेलोशिप 2013।

अन्य : साउथ एशियन लैंग्वेज इंस्टीटयूट, हायडलबर्ग (जर्मनी) में उपन्यास 'शिगाफ' का अंश पाठ व रचना प्रक्रिया पर आलेख प्रस्तुति (2011)।

नौवें विश्व सम्मेलन (2012) जोहांसबर्ग में शिरकत।

सम्प्रति : स्वतन्त्र लेखन और इण्टरनेट की पहली हिन्दी वेबपत्रिका 'हिन्दीनेस्ट' का दस वर्षों से सम्पादन।

बिगड़ैल बच्चे : पाठ-परिचय

जीवन को देखने-समझने के अपने-अपने दृष्टिकोण होते हैं। कोई समाज बेहद कठोर व अनुशासित जीवन जीता है तो कोई एकदम खुला और बिन्दास। कोई समझता है कि जीवन एक तयशुदा ढंग-ढर्रे पर चलना चाहिए तो कोई जीवन को प्रयोग की तरह जीता है।

भारत में विभिन्न धर्मों, संस्कृतियों के समाज हैं। सभी समाजों की अपनी-अपनी मान्यताएँ, रीति-रिवाज और परम्पराएँ हैं। इनका स्रोत कहीं-न-कहीं धर्म से भी होता है। इसी से उनकी जीवन-शैली भी तय होती है।

भारतीय समाज की आम-सी धारणा यह रही है कि खुद से अलग को वह स्वीकार नहीं करता। हमारे जैसा कुछ है तो ठीक नहीं तो सब नामंजूर, अस्वीकार्य।

असल बात यह है कि विविधता 'डिफरेंस' भारतीय जीवन तथा लोकतन्त्र के प्राण हैं। तभी भारत को विविधता में एकता का देश कहा जाता है।

घर से निकलते ही इस विविधता में एकता के दर्शन हमें हो जाते हैं। हम अलग-अलग संस्कृतियों के लोग मानवीयता तथा देश-प्रेम के स्तर पर एक-दूसरे से जुड़ते हैं। यही एक मानवीय समाज, मानवीय लोकतन्त्र का आधार है। लेकिन इसके लिए पारिवारिक मूल्य, संस्कार तथा प्रशिक्षण बेहद जरूरी है। परिवार को बनाने, बच्चों को पालने-पोसने के सबके अपने-अपने तरीके तथा विश्वास हैं, इसी से समाज और फिर राष्ट्र आकार लेता है।

हमें कई बार लगता है कि बच्चों तथा परिवार को लेकर हमारा तरीका श्रेष्ठ है। किन्तु जब अपने तरीके तथा दूसरों के तरीकों का परिणाम देखते हैं तो गलती पता लगती है तथा सीखने-समझने का अवसर भी मिलता है। मनीषा कुलश्रेष्ठ की कहानी 'बिगड़ैल बच्चे' इसी विचार तथा संवेदना की कहानी है।

पाठ-सार

यह कहानी दिल्ली से अलवर के बीच की है। प्रौढ़ उम्र की महिला जो कहानी कह रही है, अपनी शादीशुदा बेटी से मिलने जयपुर जा रही है। ट्रेन में स्वाभाविक तौर पर तरह-तरह के लोग सवार हैं। कथा-लेखिका हिन्दू है, जबकि उसके सामने तीन क्रिश्चियन युवा बैठे हैं जवान लड़का-लड़की तथा एक किशोर लड़का। साथ की सीट पर हिन्दू डॉक्टर दम्पति हैं। लेखिका तथा डॉक्टर दम्पति सामने की सीट पर बैठे इन युवाओं के कपड़ों, रंग-ढंग, तौर-तरीकों को लेकर धारणा पर धारणा बनाते स्थापित करते चलते हैं। लेखिका हैरान है कि कैसे माँ-बाप होंगे जिन्होंने इन बच्चों को अकेले घूमने भेज दिया है जबकि देश में कभी भी कुछ भी हो सकता है।

ऐसे में लेखिका को अपनी बेटी याद आती है कि कैसे एम.बी.ए. करने के बाद भी उसने बेटी को नौकरी करने नहीं जाने दिया। बेटी रोती रह गयी, लेकिन उसकी शादी भी एक बड़े घराने में कर दी। जहाँ वह आर्थिक रूप से परतन्त्र होने के कारण पति तथा उसके परिवार पर निर्भर है। सुरक्षित करने

के नाम पर बेटी को दब्बू बना दिया, अब एक-एक पैसे के लिए पति का मुँह देखती है। दूसरी तरफ सामने बैठी यह लड़की है जो साँवली होकर भी स्वतन्त्रता से चमक-दमक रही है। कहीं-न-कहीं परिवार द्वारा दी जा रही जीवन चुनने की छूट का प्रभाव है यह।

लेखिका बराबर तुलनात्मक रूप से सामने बैठे युवाओं की लापरवाह जीवन शैली तथा अपने परिवारों की अनुशासनात्मक पद्धति पर विचार करती चलती है।

कहानी में मोड़ आता है जब लेखिका बेटी के लिए मिठाई लेने अलवर स्टेशन पर उतरती है और भीड़-भाड़ में उससे ट्रेन छूटने लगती है। वह दौड़ती है, ट्रेन पकड़ने का प्रयास करती है किन्तु फिसलकर गिर जाती है, घायल हो जाती है। जब उसे होश आता है, ट्रेन जा चुकी होती है। वह स्वयं को रेलवे के रेस्ट रूम में पाती है। वे तीनों युवा उसकी देखभाल तथा सेवा कर रहे हैं और डॉक्टर इलाज कर रहा है।

डॉक्टर ही बताता है कि "चिन्ता की कोई बात नहीं...ये यंग्स्टर्स नहीं होते तो...। इनका और खुदा का शुक्रिया अदा करें।" वह भावुक हो गयी। तीनों नौजवानों के कपड़े लेखिका के खून से लथपथ हो गये, किन्तु वे तीनों इससे लापरवाह उसकी सेवा कर रहे थे। ऐसे में लड़की ने कहा–'हमको हमारा मम्मी बोला इनसान का सेवा ही यीशू का सेवा है।'

यहाँ यह भी पता लगता है कि लेखिका का इलाज कर रहा खुशमिजाज डॉक्टर मुस्लिम है और दूसरी तरफ लेखिका के बगल की सीट पर सफर कर रहा डॉक्टर जो हिन्दू तथा संस्कारी था, आने से इनकार कर देता है कि उनकी ट्रेन छूट ना जाये।

लेखिका स्वस्थ होकर अगली ट्रेन में इन तीनों नौजवानों के साथ बाकी का सफर खुशी-खुशी तय करती है। उसके मन की परतें खुल चुकी हैं, उसके भीतर के कितने ही सन्देह दूर हो चुके हैं। उसकी धारणाएँ जो उसने सांस्कृतिक अन्तर के आधार पर बनाई थीं, वे बदल चुकी है। साथ ही पाठक भी सांस्कृतिक विविधता में एकता वाला भारत देख पाता है।

शब्दार्थ : बिगड़ैल बच्चे

बिगड़ैल–बिगड़े हुए; **सुनसान**–खाली; **उघड़**–दिखना; **भाँपने**–अन्दाजा लगाना; **नितान्त**–एकदम; **गड़ाकर**–ध्यान से; **दरम्याने**–मध्यम, बीच का-सा; **छठी इन्द्री** –सिक्स्थ सेंस; **नाभिदर्शना**–पूरा पेट; नेवल दिखना; **कानफाड़**–तेज शोर जो कानों को तकलीफ दे; **मुखातिब**–सामने होना, फिर बोलना; **मशगूल**–व्यस्त

होना; **नाममात्र**–नाम के लिए ही, थोड़ी-सी भी नहीं; **स्थूल**–मोटी; **शायिकाओं**–सीटों; **संरक्षक**–सुरक्षा करने वाले, सँभालने वाले; **मरगिल्ले**–कमजोर; **दुस्साहसी**–हिम्मत वाले, खतरा उठाने वाले; **दब्बू**–दबी हुई, डरपोक; **होनहार**–प्रतिभाशाली, होशियार; **उष्णकटिबन्धीय जंगल**–गर्म क्षेत्र के जंगल; **कृतज्ञता**–धन्यवाद से भरकर; **पारदर्शी**–आरपार दिखने वाला; **आहाते**–आँगन में, बरामदा; **गन्तव्य**–पहुँचने का स्थान; **फाँदती**–पार करती; **झिल्ली**–परदा; **आघात**–चोट, झटका; **प्रहारों**–वार करना; **बदहवास**–होश न रहना, हवास चेतना; **नकूश**–नाक-नक्श वाला; **प्रणयी**–प्रेमी।

कहानी

बिगड़ैल बच्चे

मनीषा कुलश्रेष्ठ

वे तीन युवा पिंक सिटी ट्रेन से सुबह-सुबह छह बजे मेरे बाद चढ़े थे। रेल के इस सबसे पीछे वाले, सुनसान पड़े डिब्बे की मानो रुकी हुई साँसें एकाएक चल पड़ी हों... तेज स्वर में बातचीत, छेड़छाड़ करते हुए तीनों सामान स्वयं लादे, विदेशी पर्यटकों की नकल में ये पर्यटक साफ-साफ देसी नजर आ रहे थे। बात-बात में... फकिन... फकअप... फकऑल...! मुझे बहुत नागवार गुजर रहा था।

आते ही धम्म से उन्होंने सारा सामान सामने की सीट पर पटक दिया था। एक खुल्लम-खुल्ला सी, मध्यवर्गीय मगर आधुनिक किस्म की लापरवाही उनकी हर बात से झलक रही थी, चाहे वह बातचीत का लहजा, सामान फेंकने का ढंग, चाल-ढाल या कि बाल हों, चप्पलें हों, चाहे बिना मोजों वाले जूते हों या...फेडेड जीन्स हो। वे जो कर रहे थे उनकी नजर में फैशन था, आधुनिकता थी। इस आधुनिकता में उनका मध्यवर्गीय अभाव कुछ ढँक रहा था तो कुछ उघड़ रहा था।

पिंक सिटी दिल्ली के सराय रोहिल्ला स्टेशन से सीधे छह बजे चलती है और दोपहर तीन बजे जयपुर पहुँचती है, सो सुबह साढ़े पाँच बजे ही मुझे मेरा बेटा ट्रेन में बिठाकर, सामान व्यवस्थित कर, एक कप एस्प्रेसो कॉफी सामने के स्टाल से लाकर मुझे पकड़ाकर चला गया था।

पहले से बैठा... बल्कि खाली बैठा भारतीय यात्री... उस पर महिला यात्री... और फिर मेरे जैसा कल्पनाशील यात्री, हर नये चढ़ने वाले यात्री के वेशभूषा, शक्ल, बातचीत के लहजे, नामों के चलन के अनुसार उसका प्रदेश-परिवेश भाँपने का प्रयास करता है, यकीन मानिए बस वैसा ही कुछ मैं भी कर रही थी। अजीब किस्म का शौक है ना... दूसरों के मामले में नाक घुसाने का नितान्त भारतीय शौक!

निश्चित रूप से तीनों गोआ के निवासी लग रहे थे, केवल शक्लो-सूरत से ही मैंने यह निश्चय नहीं किया था... क्योंकि लड़की ने जो टी-शर्ट पहनी थी

उस पर सामने ही लिखा था, 'माय गोआ, द हैवन ऑन द अर्थ।' गले में काले धागे में चाँदी का बड़ा-सा क्रॉस लटका हुआ था। यही नहीं वे कभी अंग्रेजी में और कभी कोंकणी भाषा में बात कर रहे थे। अपना गिटार, कैमरा, वॉकमैन के अलावा तीन पुराने से बैग, ढेर सारे चिप्स और कोल्ड ड्रिंक की बॉटल्स और कुछ पत्रिकाएँ लेकर वे तीनों चढ़े थे... और अब वे मेरे एकदम सामने वाली सीटों पर अस्त-व्यस्त से जम गये। एक लड़की तो थी ही, बाकी दो लड़के थे। एक छोटा, एक बड़ा।

तीनों उत्तर भारत के टूरिस्ट मैप पर सर से सर जोड़कर नजर गड़ाकर कुछ कार्यक्रम बना रहे थे... कोंकणी में। लापरवाही से उनका कैमरा सीट के कोने में रखा था, मैं मन ही मन कुनमुनायी लगता है इन्हें उत्तर भारत... खासतौर पर दिल्ली के जेबकतरों-उठाईगीरों का कोई अनुभव ही नहीं है या कभी कुछ सुना भी नहीं। मैंने सोचा आगाह करूँ... पर मेरी तरफ डाली गयी उनकी उदासीन दृष्टि अब तक मुझे चिढ़ा गयी थी सो मैंने सोचा, 'हँह मुझे ही क्या पड़ी है!'

मैप देखने के बाद तीनों अपनी-अपनी जगह पर खिसक गये। बैग ऊपर वाली बर्थ पर लापरवाही से फेंक दिये गये थे। गिटार बड़े वाले लड़के ने अपने पास गोद में बहुत प्यार से रख लिया, जैसे कोई पालतू जानवर हो। वॉकमैन छोटे से ने कान पर लगा लिया, खाने-पीने का सामान लड़की ने अपने पास के बैग में डाल लिया था।

लड़की साँवली होने के बावजूद आकर्षक थी। दरम्याने कद की, पतली और प्यारी सी। हाँ बाल बेढंगे से थे... घुँघराले काले बालों में, कत्थई और सुनहरे रंग की कई लटें रंगा रखी थीं। ऐसा लग रहा था कि सफेद बालों को घर पर मेहँदी लगाकर छुपाने की कोशिश हो। मुझे अपने कॉलेज की मिसेज बतरा याद आ गयीं, वो अपने खिचड़ी बालों में मेहँदी लगाकर ऐसी ही लगा करती थीं, पर यह फैशन है आजकल का, बेढंगा फैशन! मेरे अन्दर की प्रौढ़ होती महिला किचकिचाई!

लड़कों में से छोटा लड़का चेहरे-मोहरे से उसका भाई लग रहा था, (हाँ भई... उसकी नाक और होंठों की बनावट बिल्कुल लड़की जैसी ही थी... वह लड़की जरा लुनाई लिये हुए साँवली थी और यह बिल्कुल काला) वही... जिसने कानों में अब वॉकमैन के इयर प्लग लगा रखे थे और पैर हिलाते हुए गुनगुनाता जा रहा था...। कभी-कभी वह आस-पास के वातावरण से बेखबर जरा ऊँची आवाज में गाने लगता था... तब लड़की उसे कोहनी मार देती थी।

बड़े लड़के के हाथ गिटार के तारों को हल्के-हल्के सहला रहे थे, वह कोई अंग्रेजी गीत गुनगुना रहा था और मीठी नजरों से लड़की को देख रहा था, लड़की

ने मुस्कुराकर नजरें खिड़की के बाहर दौड़ा दीं। स्टेशन पर चहल-पहल बढ़ गयी थी। जिस खिड़की के पास वह लड़की बैठी थी... वहाँ दो-चार सड़क छाप मनचले मँडराने लगे थे। ठेठ सड़कछाप हिन्दी के कुछ गन्दे फिकरे कसे गये जो लड़की को समझ नहीं आये पर वह लड़की होने की छठी इन्द्री से समझ गयी कि उसके कपड़ों पर कुछ कहा गया है।

उसने आधी खुली पीठ वाला, छोटा-सा, बड़े गले का नाभिदर्शना टॉप पहना हुआ था। नाभि में चाँदी की बाली पहनी हुई थी। बड़ा लड़का उसका असमंजस तुरन्त समझ गया, आवेश की हल्की परछाईं उसके चेहरे पर आयी। उसने उसे बैग में से निकालकर एक लम्बी बाँह की शर्ट पकड़ा दी थी। फिर छोटे लड़के को खिसकाकर खिड़की के पास बिठा दिया था। लड़की को बीच में बिठाकर वह उसके एकदम करीब उसके कन्धों पर अपनी बाँह का सहारा देकर बैठ गया। लड़की ने लापरवाही से उसकी दी हुई शर्ट को पहन लिया था, लेकिन बिना बटन लगाये।

अब तक ट्रेन ने सीटी दे दी थी। जिन्हें इस ट्रेन में चढ़ना था... चढ़ गये थे और अपनी-अपनी जगह खोजने लगे थे। यह एक सेकेण्ड क्लास का डब्बा था। मेरे बगल में एक अधेड़ सज्जन आ बैठे थे... और उनकी पत्नी भी। छोटा लड़का अब एकदम मेरे सामने था... उसने हरा बरमूडा और फूलों की छींट वाली पीली शर्ट पहन रखी थी। सामने के कुछ खड़े बाल सुनहरे होने की हद तक ब्लीच किये हुए थे। ट्रेन चलते ही इस छोटे लड़के ने वॉकमैन की आवाज बढ़ा दी थी। इतनी कि मैं तक सुन पा रही थी। एक घना शोर और बीच-बीच में किसी पॉप गायिका की आवाज। एक मिनट बाद जब मुझसे शोर सहन नहीं हुआ तो मैंने उसके पास थोड़ा झुककर पूछ ही लिया, 'मैडोना है ना!' मैंने सोचा वह बात में छिपे व्यंग्य को समझेगा और आवाज धीमी कर देगा।

"हह...।" उसने कहा।

लड़की ने सर हिलाया, बुरा-सा मुँह बनाया और कहा, "शी इज नॉट फोर अवर जेनरेशन... ही लाइक्स शकीरा एण्ड ब्रिटनी।"

मैं साथ लायी किताबों में से कुछ भी नहीं पढ़ पा रही थी। पन्द्रह मिनट तक मैं वह कानफाड़ू संगीत सुनती रही। अधेड़ व्यक्ति मेरी परेशानी भाँप रहे थे। उन्होंने छोटे लड़के के घुटनों पर थपथपाया। उसने इयरफोन हटाया और उनकी तरफ चिढ़े हुए अन्दाज में देखने लगा। संगीत इयरफोन्स में से निकलकर ट्रेन के सरपट संगीत से पूरी टक्कर ले रहा था।

"फॉर एवर फॉर एवर टनन्ना" 'टों छक छक छुक दुक..डडड टूँ'

''अगर तुम इतना तेज म्यूजिक सुनोगे तुम्हारे कान खराब हो जायेंगे'', अधेड़ सज्जन ने विनम्रता से धीरे-से कहा।

लड़के ने सिर हिला दिया, यह संकेत देते हुए कि पहली बात तो वह कुछ सुन नहीं पा रहा दूसरे उसे हिन्दी नहीं समझ आती। उन्होंने थोड़ी तेज आवाज में अंग्रेजी में कहा कि ''इफ यू विल लिसन लाउड म्यूजिक योर हियरिंग विल बी डैमेज्ड।''

''व्हाट?'' उसने तेज आवाज में पूछा और वॉकमैन बन्द कर दिया।

''ही इज सेइंग... यू आर गोइंग टू रुइन योर हियरिंग, इफ यू विल कन्टीन्यू प्ले म्यूजिक सो लाऊड।'' मैं सन्नाटे में जोर से चीख पड़ी। अचानक वे तीनों जोर से हँस पड़े। छोटे लड़के ने हँसी रोकते हुए टूटी-फूटी हिन्दी में गोअन ढंग से कहा, ''अच्छा! शुक्रिया।'' और इयरफोन को गले से लटका लिया और वॉकमैन बरमूडा की लम्बी लटकती जेब में डाल लिया, जिससे वह और लटक गयी।

मैं झेंपकर उठ खड़ी हुई और हैण्ड टॉवेल लेकर बाथरूम जाने का उपक्रम करने लगी। मेरे मुड़ते ही आवाज आयी ''... व्हाट फकिन कन्सर्न दे ओल्डीज हैव!'' यह आवाज लड़की की थी।

''शटअप लीजा। शी इज राइट।'' यह गम्भीर आवाज बड़े लड़के की थी।

मैं बाथरूम से लौटी तो बड़ा लड़का 'डेबॉनेयर' का सेण्टरस्प्रेड देख रहा था। लड़की भी साथ झुकी थी... बीच-बीच में बड़े लड़के की धीमी आवाज में की गयी किसी टिप्पणी पर वह उसके बाल खींच देती या पीठ पर मुक्का जमा देती।

वह अधेड़ सज्जन और उनकी पत्नी अब मेरी ओर सहानुभूति के साथ मुखातिब थे। आपसी परिचय से पता चला कि वे डाक्टर हैं। उनकी पत्नी अध्यापिका।

''यह हाल है हमारे देश की युवा पीढ़ी का!'' यह डॉक्टर साहब कह रहे थे।

''दिन पर दिन बदतमीज होते जा रहे हैं। संस्कार बचे ही नहीं।'' उनकी पत्नी ने अपने में मशगूल उस युवा स्त्री को घूरकर देखकर कहा। छोटा लड़का थोड़ा झिझका और प्रतिक्रिया में उसने अपने जाँघ तक ऊँचे चढ़ गये बरमूडा को नीचे खींच लिया और खिड़की के बाहर देखने लगा।

''हमारी भी गलती है... हमारे पास समय कहाँ है, जो इन्हें संस्कारों का पाठ पढ़ायें।'' मैंने ठण्डी साँस लेकर कहा।

''देखने में तो मिडल क्लास लग रहे हैं... पर फैशन और रहन-सहन देखो। ये क्रिश्चियन तो होते ही ऐसे हैं। देख रही हैं न, कितनी बेशर्मी से गन्दी-गन्दी किताबें देख रहे हैं, बड़े-बूढ़ों का लिहाज ही नहीं है।'' डॉक्टर की पत्नी ने फुसफुसा कर कहा।

''बात खाली एक जाति की नहीं है, हमारी यंग जेनरेशन पूरी की पूरी ही ऐसी है। कुछ वेस्टर्न कल्चर का असर था, बचा-खुचा टी.वी. चैनल्स ने पूरा कर दिया। इन लोगों को इतनी छूट है, हमें कमी थी क्या?'' डॉक्टर ने कहा।

''हाँ, हर पीढ़ी में अच्छाइयाँ और बुराइयाँ रही ही हैं।''

''हाँ जी, पर यह पीढ़ी तो... इनमें समझदारी नाममात्र को नहीं है। देखो इन्हें... बस फालतू जोश! कुछ कर दिखाने, कुछ बनने-बनाने की न तो काबिलियत है, न अक्ल, न हिम्मत। सोशल वेल्यूज के नाम पर जीरो।'' अपनी तर्जनी अँगूठे से जोड़कर उन्होंने जीरो बनाकर दिखाया तो वह युवा स्त्री उन्हें आश्चर्य से देखने लगी। ''दरअसल ये लोग भोगवाद में विश्वास करते हैं... जो आज मिल रहा है भोग लो... कैसे भी पैसा कमाओ और खर्च कर लो... मजे करो बस। बाकी दुनिया जाये भाड़ में।'' डॉक्टर की पत्नी उन्हें घूर-घूर कोस रही थीं। वे तीनों समझ रहे थे कि हमारी बात का विषय वे तीनों ही हैं...शायद इसीलिए छोटा लड़का वॉकमैन सुनते-सुनते जोर से गाने लगा था और उन्हें चिढ़ाते हुए वह लड़की लड़के से एकदम सट कर बैठ गयी। लड़का गिटार पर कोई गोअन धुन बजाने लगा था।

''भोगवाद कहें या भौतिकवाद... इससे हम भी कहाँ अछूते हैं? हाँ पर यह युवा पीढ़ी कुछ ज्यादा ही लापरवाह है। जो भी हो इन्हीं पर हमारा भविष्य टिका है।''

''भविष्य! ये युवा हमें वृद्धाश्रम के अलावा क्या देंगे? महास्वार्थी है यह पीढ़ी। पहले कभी हमने भारत में वृद्धाश्रमों का नाम तक सुना था? हमारी सास तो आखिर तक हमारी छाती... मेरा मतलब हमारे साथ रहती रहीं।''

डॉक्टर ने सर हिलाया और किसी सोच में डूब गये। मानो उनकी पत्नी ने पते की बात कही थी। फिर अखबार उठाकर पढ़ने लगे। उनकी स्थूल पत्नी नाश्ते का सामान सजाने लगी थीं।

''लीजिए न कुछ।''

''जी नहीं... मेरा व्रत है।'' मैं सफाई से झूठ बोल गयी। बचपन से माँ की बँधाई हुई गाँठ 'सफर में किसी अजनबी से कुछ लेकर मत खाना' कस गयी।

डॉक्टर ने तीनों युवाओं से एक औपचारिक आग्रह किया... उन तीनों ने बिना संकोच के एक-एक पूरी उठा ली और खाने लगे। मुँह में पूरी ठूँसे-ठूँसे लड़की ने कहा, ''वैरी डैलीशियस आण्टी, ह्वाट पिकल इज दिस?'' कहकर एक पूरी और उठा ली उस पर उँगली से अचार फैलाकर रोल बनाने लगी।

''टैंटी।'' वे उदासीनता से बोलीं।

''ह्वाट टी?''

“ए वाइल्ड फ्रूट।” डॉक्टर ने समझाया।

“ओह आइ थॉट... दीज आर सी-फिशेज एग्ज।”

“नो नो वी आर प्योर वैजेटेरियन्स।” कहकर अध्यापिका महोदया ने अपना टिफिन उनके सामने से खींच लिया और मेरी तरफ मुँह कर के खाने लगीं। मैं खिड़की से सटकर बैठ गयी।

क्रीं किच कर के ट्रेन रुक गयी। शायद चेन पुलिंग थी। यह दिल्ली के बाहर का औद्योगिक क्षेत्र था। यह तो रोज का किस्सा है अनेक स्थानीय यात्री इस ट्रेन और फिर आठ बजे तक दिल्ली से चलने वाली हर ट्रेन में चढ़कर आते हैं, फिर बार-बार चेन पुलिंग होती है। दो घण्टों में भी दिल्ली की सीमा से ट्रेन बाहर नहीं निकल पाती। शाम की ट्रेनों में भी यही हाल रहता है। काफी समय तो बरबाद होता ही है, साथ ही ये लोग प्रथम श्रेणी से लेकर, आरक्षित शायिकाओं तक हर जगह घुसे चले आते हैं। फिर यात्रियों के साथ बदतमीजी से पेश आते हैं। कोई लड़की या सुन्दर महिला यात्री दिख जाये तो उससे सट कर बैठ जायेंगे। उसके संरक्षक आपत्ति करें तो झगड़ा... फिर तो ये लोग ट्रेन को चलने ही नहीं देंगे। ट्रेन में तोड़-फोड़ करेंगे। यह व्यवस्था का ऐसा सूराख है जो बन्द नहीं हो सकता। सालों पुराना चलन है। यही देखते-देखते मैं युवा से प्रौढ़ हो चली हूँ। आज भी मुझे इन लोगों से डर लगता है।

वो तो सौभाग्य से यह डिब्बा बहुत पीछे था सो इस डिब्बे में कोई झुण्ड नहीं चढ़ा... नहीं तो इस लड़की के कपड़ों और अदाओं पर यहाँ तो कत्ल हो जाते... और इसके ये दो मरगिल्ले से संरक्षक कुछ नहीं कर पाते। हिन्दी तक तो ठीक से समझ-बोल नहीं पाते। मैं भी सोचने लगी, ये खुलापन, इनकी इस कदर लापरवाही क्या इन्हें खतरों की तरफ नहीं ढकेलती? पढ़ाई, काम-धन्धा कुछ करते भी हैं कि नहीं? उम्र तो देखो, मुश्किल से अठारह-उन्नीस के होंगे, छुटका तो पन्द्रह का सा लगता है। उस पर कैसे होंगे वे दुस्साहसी माता-पिता जो इन्हें अकेले दुनिया देखने भेज दिया। ये ही शायद ऐसे हैं... विद्रोही किस्म के बिगड़ैल बच्चे। मन किया कि मैं भी कहूँ “ब्लडी फकिन ब्रैट्स!”

हमारे भी सहपाठी, सहकर्मी क्रिश्चियन रहे हैं... पर ऐसा खुलापन कभी नहीं देखा। क्या ये किसी मुसीबत को समझदारी से सुलझा सकेंगे? खतरों से बच सकेंगे? छोड़ो... मुझे क्या पड़ी है? भाड़ में जायें। अच्छा ही हुआ जो मैंने अपने बेटे-बेटी को बहुत संयम और कठोर अनुशासन में पाला है। बेटा तो चलो ठीक है, दिल्ली आई.आई.टी. में पढ़ रहा है, पर निशि...!! मैंने एक ठण्डी साँस ली... ट्रेन धीमे-धीमे सरक रही थी।

मैंने स्वयं से सवाल पूछा... क्या मैंने बच्चों को सुरक्षित और कठोर अनुशासन में रखकर बहुत महान काम किया है? क्या निशि इस कठोर अनुशासन और अतिरिक्त सुरक्षित वातावरण में पल कर बेहद दब्बू बनकर नहीं रह गयी। बस शादी कर देने भर से हमने क्या उसे सुरक्षित कर दिया?

अपनी होनहार एम.बी.ए. लड़की को बम्बई जाकर एक मल्टीनेशनल नौकरी नहीं करने दी...। हम दोनों ही डर गये थे। कितना रोयी थी वह... पर हमारा मन नहीं माना। बाहरी दुनिया... यानी खतरों से भरी दुनिया। कह दिया था... यहीं रहकर करो नौकरी... या फिर कह दिया कि शादी के बाद कर लेना नौकरी। पति चाहे तो।

अब! एक-एक पैसे को पति का मुँह देखती है, कहने को बड़ा बिजनेस है उसके परिवार में, पर तीन भाइयों में सबसे छोटा उसका पति हमेशा बेवकूफ बनता है। खाने-पीने की कमी नहीं, बड़ा घर है, संयुक्त परिवार है। पर निशि अपने से कुछ खरीदना चाहे, कहीं घूमने जाना चाहे... वह सब नहीं हो पाता। मायके तक अब उसे अकेले ट्रेन में बच्चों के साथ आने में डर लगता है, दामाद के पास फुरसत नहीं कि वह छोड़ जाये। बस उसी को तो लेने जा रही हूँ, निशि के पापा डायबिटिक हैं, वे घर से नहीं निकलते।

आज निशि आर्थिक रूप से स्वतन्त्र होती तो...निशि को उन्होंने उसकी पसन्द से शादी करने दी होती तो! तो! आज निशि का चेहरा इस सामने बैठी लड़की सा चमकता! सत्ताईस साल की उमर में वह पैंतीस की नहीं लगती... हर समय एक स्थायी हताशा उसके चेहरे पर नहीं होती!... लेकिन... ये बेहयाई! खतरों को आमन्त्रित करता खुलापन! मैं असमंजस में थी। मुझे निशि के हालातों पर रोना आने लगा था।

सामने की सीट पर बड़ा लड़का और लड़की एक-दूसरे पर ढलके सो रहे थे। डेबोनियर के ऊपर हैल्थ और रीडर्स डाइजेस्ट भी रखी थीं...चिप मैगजीन अधखुली ट्रेन के फर्श पर लोट रही थी। तो...आज का युवा सब कुछ पढ़ता है! छुटके ने फिर वॉकमैन चला लिया था पर इस बार थोड़ा कम लाऊड। डॉक्टर और उनकी पत्नी बड़ी तल्लीनता से रमी खेल रहे थे। मुझे अपना आप अचानक बहुत अकेला लगा। पैर लटके-लटके सूज आये थे...बल्कि सुन्न पड़ने लगे थे... मैंने उन्हें ऊपर कर लिया। ट्रेन तेज रफ्तार से उष्ण कटिबन्धीय जंगलों से गुजर रही थी, अप्रैल का महीना था और मौसम गर्म होने लगा था। सुबह के दस बजे ही दोपहर का सा अहसास हो रहा था। भूख भी लग आयी थी... पर मेरे पास क्या धरा था? तीन सेब! एक सैण्डविच! एक भूला-भटका चाय वाला उधर से गुजरा तो मैंने उसे रोक लिया...

मेरे पास खुले पैसे नहीं थे। छुटके से पूछा...तो उसका जवाब था...''वन मिनट...'' जेब से उसने तीन रुपये निकाल कर चुका दिये। मैंने कहा भी कि ''आय नीड चेंज ऑनली।''

''कमॉन मॉम...'' कहकर वह खी-खी हँसने लगा।

''सैंडविच?''

''नो थैंक्स...'' कह कर उसने जेब से भुने हल्के-हल्के भूरे छिलकों वाले नमकीन काजू निकाले और मेरी प्लेट में रख दिये।

मैंने आश्चर्य में भरकर कृतज्ञता से कहा कि ऐसे काजू मैंने पहली बार देखे हैं बिना छिले भुने हुए। उसने बताया कि उनके घर के अहाते में चार काजू के पेड़ हैं...ये काजू उन्हीं पेड़ों के हैं। आते समय 'मॉम' ने जबरदस्ती उनके साथ बाँध दिये थे। मेरी कल्पना में एक साँवली छींट की फ्रॉक पहने, दुबली मगर हल्के से निकले पेट वाली ममतामयी क्रिश्चियन महिला की छवि तैर गयी। मैं कुछ और भी पूछना चाहती थी...एक आम भारतीय उत्सुकता के तहत उनकी निजता के पारदर्शी तरल को छूकर देखना चाहती थी। मसलन वह लड़की तुम्हारी बहन है क्या? तुम्हारी माँ ने एक पराये लड़के को तुम्हारे साथ क्योंकर भेजा होगा? कहाँ जा रहे हो? कब लौट कर घर जाओगे? और जरा बताओ तो... क्या-क्या उगा रखा है तुम्हारी माँ ने तुम्हारे आहाते में। तुम एंग्लो-इण्डियन गोअन क्रिश्चियन हो कि कनवर्टी? छिः यह सब पूछकर वह क्या...कहीं उसने कह दिया यू नटी ओल्डी...व्हाट फकिन कन्सर्न डू यू हैव विद अस? उसे क्या? भाड़ में जाये यह और उसकी बहन। कमबख्त कैसे सटकर उस जवान-जहान लड़के से चिपकी पड़ी है।

छुटके ने उत्साह से कहा कि कोई स्टेशन आ रहा है। इक्का-दुक्का नजर आने लगे थे। कुछ कारखाने...और ट्रेन की पटरी का एक और जोड़ा हमारी ट्रेन के साथ दौड़ने लगा था। मैंने मन ही मन कहा, अलवर! हाय! जल्दी में मिठाई लेना भूल गयी थी दिल्ली से...कमबख्त निशि ने भी तो अचानक फोन किया था कि मम्मी, मुझे सास ने कह दिया है जा हो आ मायके, तुम कल ही भैया को भेज दो।

''भैया कैसे आयेगा निशि, उसके एक्जाम हैं।''

''तो माँ...।'' बेचारी रुआँसी हो गयी थी।

''तू खुद चली आ न। जयपुर से तो कई सीधी रेल हैं दिल्ली की। करा ले रिजर्वेशन।''

''मम्मी, तुम तो जानती हो, दो छोटी बच्चियों के साथ ये अकेले नहीं भेजेंगे मुझे। इन्हें फुर्सत नहीं.. फिर बताओ न...मैं भी कैसे आ जाऊँ, कितनी दिक्कत

होगी, दोनों तो गोदी चढ़ती हैं। हाय, मम्मी कितनी मुश्किल से सास का मुँह सीधा हुआ है मेरे मायके जाने के नाम पर।"

"अच्छा-अच्छा ...मैं ही..."

"कल ही चल दो न माँ। कितना तरस रही हूँ मैं।"

"देखती हूँ।"

बस फिर सुबह-सुबह ट्रेन में बैठती कि मिठाई लेती! अलवर से ही दो किलो मिल्ककेक ले चलती हूँ। वहाँ जयपुर में तो स्टेशन पर दामाद लेने आयेंगे, उनके सामने मिठाई लेती भला अच्छी लगूँगी? मैंने अलवर आता देख पर्स सँभाला। छुटके से कहा कि सामान का ख़याल रखे। डॉक्टर दम्पति ऊपर की खाली बर्थों पर जाकर लेट गये थे। लड़की कुनमुना कर लड़के से अलग हो उठकर खड़ी हो गयी थी। उठते ही चॉकलेट निकालकर खाने लगी।

ट्रेन रुक गयी थी। डिब्बा सच में बहुत पीछे था। मिल्ककेक की दुकान दूर थी। स्टेशन पर काफी भीड़ थी। सारी भीड़ पिंकसिटी में ही समायेगी क्या, यह सोच मैं जल्दी-जल्दी ट्रेन से उतरी और लोगों से टकराते हुए... बड़े-बड़े डग भरते हुए दुकान पर हाँफती हुई पहुँची। दो-दो डिब्बे मिठाई और पर्स सँभालती हुई। ...मैं अपने गन्तव्य से आधी दूरी पर ही थी कि ट्रेन ने सीटी दे दी... मेरे तो हाथ-पाँव फूल गये। भीड़ को चीरती हुई मैं आगे बढ़ रही और मुझे दूरदर्शन का एक विज्ञापन याद आ रहा था कि भारत में स्टेशनों पर यात्रा करने वाले कम और उन्हें छोड़ने आने वाले ज्यादा होते हैं। उस क्षणांश में ही मुझे लग रहा था कि मैं चल ही नहीं पा रही... अपना डिब्बा मुझे दिखायी नहीं दे रहा... कि अचानक छोटे लड़के की चीख ने ध्यान दिलाया कि मैं डिब्बे के एकदम पास हूँ—'आण्टी।'

दरवाजे के पास भीड़ थी... मेरे पीछे भीड़ थी... मैंने किसी तरह दरवाजे का हैण्डल पकड़ा और पैर बढ़ाया ही था कि ट्रेन थोड़ा तेज रेंगने लगी, मैं बुरी तरह से प्लेटफार्म पर गिर पड़ी। पैर ज्यादा बढ़ गया होता तो दरवाजे पर पटरियों के बीच घिसट रही होती। गिरते-गिरते मुझे छोटे लड़के की चीख सुनायी दी थी। उसके बाद मुझ पर झुकी भीड़ एक भँवर की तरह घूमती नजर आयी और फिर कुछ कहीं गड़ब से डूब गया।

ठण्डे पानी की तेज छपाक से मैंने अपने चेतन का छोर ढूँढ़ा और अवचेतन की सीढ़ियाँ फाँदती... होश में आने की जल्दी में मैं उस आघात की पारदर्शी झिल्ली के नीचे से मुट्ठियाँ बाँध-बाँधकर चीख रही थी... जो कि अस्पष्ट गों-गों में बदलती जा रही थी।

आखिरकार मेरे प्रहारों से वह झिल्ली फटी... गर्मी और उमस से भरे रेलवे के रिटायरिंग रूम में मैं बदहवास-सी चारों तरफ देख रही थी। "आण्टी, आर यू ओके!" डॉक, शी ओपन्ड हर आइज। छोटा लड़का मेरे चेहरे से सटा फर्श पर हड़बड़ाया सा बैठा था। उसकी आवाज में एक नेह भरी ऊष्मा की थरथराहट थी।

"कैसी हैं आप?" एक अजनबी रेलवे के डॉक्टर ने झुककर पूछा, "चिन्ता की कोई बात नहीं... ये यंग्स्टर्स नहीं होते तो...! इनका और खुदा क़ा शुक्रिया अदा करें। गनीमत है कि कोई सीरियस इंजरी नहीं हुई। पुराना खाया-पिया काम आ गया।" हँस कर डॉक्टर ने मेरे हवास दुरुस्त करने की कोशिश की।

"बस अभी एम्बुलेंस आती होगी।"

मैंने थोड़ा उठना चाहा तो... वह लड़की आगे आ गयी...अपनी बाँह का सहारा लिये। मैंने देखा उसकी शर्ट का बड़ा हिस्सा खून से तर था। मैंने दायीं भौंह की तरफ पीड़ा महसूस की। छुआ तो वहाँ एक गीला स्कार्फ बँधा था, यह बड़े लड़के का था। दोनों घुटनों पर दो रूमाल बँधे थे।

इतने में बड़ा लड़का पसीने में तर-ब-तर हाथ में दवाओं, पट्टियों का बण्डल लेकर आ पहुँचा।

"डोण्ट गेटअप, यू आर स्टिल ब्लीडिंग।" बड़े लड़के ने मेरी चोट पर स्कार्फ दबाते हुए कहा, 'डॉक फर्स्ट गिव हर टिटनेस इंजैक्शन।"

"यंग मैन, डोण्ट टीच मी माय ड्यूटीज"। डॉक्टर ने हँसकर कहा और इंजैक्शन तैयार करने लगा। मैंने देखा, डॉक्टर छोटे कद का, काला सा, अनगढ़ नकूश वाला व्यक्ति था। शायद मुसलमान। इसीलिए... बार-बार खुदा के लिए...

खुदा का शुक्र... किये जा रहा था। एम्बुलेंस में मैंने हिम्मत करके लड़की से पूछ ही लिया।

"ओह गॉड आण्टी दैट सीन वाज हॉरीबल... एक घण्टा भी नहीं हुआ है अभी तो... आप तो बहुत बुरा गिरा था प्लेटफार्म पर। हाथ छूट गया हैण्डल से वरना ट्रेन के साथ... लटकता जाता। वो जो मेरा फियान्सी है न, रोजर... उसने चेन पुल किया... फिर हम तीनों सब बैग लेकर उतरा... आपके पास पहुँच ही नइं सकने का था... सब आदमी लोगों ने कवर कर रखा था, तब मेरा भाई चिल्लाकर सबको दूर भगाया और आपको रिटायरिंग रूम में लाया। रोजर स्टेशन मास्टर के रूम में रश करके भागा। तब डॉक्टर आया और...।"

"तुम तीनों ने मेरे लिए ट्रेन छोड़ दी!"

"हाँ! वही तो जरूरी था न। आपको उन स्टुपिड लोगों के बीच छोड़ना नहीं था न! तमाशा करके रखा था न आपका। कोई उठा नहीं रहा था..."

"वो डॉक्टर जो ट्रेन में था...।"

"वोह। ब्लडी सेल्फिश फैलो।" यह छुटका था, "हिज वाइफ स्कोल्ड हिम नॉट टू कम विद अस एण्ड ही स्टेड बैक। वी लिटरली प्रेड टू हिम! बट ही टोल्ड आय कान्ट... गेट डाउन... आय हैव टू रीच टुडे।"

"लीव ना कीथ। होते हैं, आण्टी सैल्फिश लोग भी। हमको हमारा मम्मी बोला इन्सान का सेवा ही यीशू का सेवा है। आप बताओ न, आपकी जगह हम होते तो! आप नहीं रुकते क्या हमारे लिये?"

मैं सोच में पड़ गयी थी! मैं क्या करती? मैं उतरती किसी घायल के लिए? इस उमर, सूजे हुए पैरों के साथ में किसी घायल के लिए मैं क्या कर सकती थी? ये तो जवान हैं। प्रौढ़ावस्था का बहाना खड़ा हो जाता।

प्रश्न वही था... बचपन में पढ़ी कहानी 'मनुष्य, भेड़ और भेड़िया' में से मैं क्या बनती? भेड़िया तो नहीं, इन्सान बनने की हिम्मत जुटा पाती या कि शायद... उस डॉक्टर की तरह जल्दी गन्तव्य पर पहुँचने की चाह में आँखें मूँद भेड़ बनकर आगे बढ़ जाती!

लड़की बिल्कुल मेरे करीब थी, उसका खून से सना शर्ट उसके हाथों में था। बड़ा लड़का आगे डॉक्टर के पास बैठा जयपुर जाने वाली ट्रेन के बारे में बतिया रहा था।

"नो वी वोण्ट लीव हर अलोन।"

"... ...।"

"प्लीज कम्पलीट ऑल फार्मेलिटीज एण्ड गिव हर प्रॉपर मेडिकेशन। वी हैव टू लीव दिस प्लेस टुडे ऑनली। डोण्ट वरी... वी विल टेक केयर ऑफ हर।"

"... ...।"

"नो... नो। वी वाण्ट टू लीव फॉर जयपुर एज अर्ली एज पॉसिबल। डे आफ्टर वी हैव फर्दर रिजर्वेशन्स आल्सो।"

"... ..."

"थैंक्स डॉक्टर।"

हम रेलवे के अस्पताल पहुँच गये थे। डॉक्टर रशीद ने... (उनका यह नाम मैंने उनके कोट पर लगे नेमटैब पर पढ़ा था। क्या करूँ यह उत्सुकता जन्मजात है।) मरहम-पट्टी कर दी थी। दो एक्स-रे भी हुए... पर डॉ. रशीद के अनुसार खुदा के फजल से सब कुछ ठीक था। अब हम तीन बजे की ट्रेन पकड़ सकते थे।

उन युवा और नेक फरिश्तों ने मुझे पूरी तरह से सँभाल रखा था। उन्हें अपने आगे के कार्यक्रमों से ज्यादा मेरी चिन्ता थी। तीनों के कपड़े मेरी वजह

से खून से सन गये थे। उन्होंने अपने सामान के साथ-साथ मेरा सामान सँभाल रखा था। मैंने पास पड़ी मेज पर देखा... वहाँ मेरे पर्स के पास दोनों मिठाई के डिब्बे रखे थे। तन ताजा-ताजा साफ करके पट्टी किये गये चार-पाँच बड़े और कई छोटे टीसते जख्मों और मन आपस में उलझते तरह-तरह के विचारों से थक गया था। मैंने अस्पताल के बिस्तर पर लेटे-लेटे आँखें बन्द कर लीं। वे तीनों डॉक्टर के पीछे-पीछे अपने कपड़े बदलने चले गये थे।

दुपहर तीन बजे की ट्रेन में हम चारों फिर से बैठे थे। स्टेशन मास्टर ने हम पर एक अहसान किया था... इस ट्रेन में ए.सी. कम्पार्टमेंट में कूपे दिलवा दिया था। डॉक्टर रशीद घर से बिरयानी का लंच पैक करवाकर पकड़ा गये थे, ''अपना ख़याल रखियेगा बहनजी।'' जुमले के साथ।

''वाउ... दिस इज माय फर्स्ट चान्स ह्वेन आय एम सिटिंग इन ए.सी. कम्पार्टमेंट।'' छुटका बहुत खुश था। उसने अपना वॉकमैन निकाला और लो वॉल्यूम में शकीरा सुनने लगा।

''कीथ प्लीज रेज द वॉल्यूम, लेट मी आल्सो लिसन!'' यह मैं थी।

वे दोनों युवा प्रणयी फिर एक-दूसरे में मगन थे। लीजा रोजर की उँगलियों को गिटार पर फिसलते देख रही थी।

सुधीश पचौरी

पूर्व अध्यक्ष, हिन्दी विभाग; पूर्व डीन ऑफ कॉलेजेज एवं पूर्व प्रो वाइस चांसलर, दिल्ली विश्वविद्यालय, दिल्ली।

जन्म : 29 दिसम्बर 1948, जनपद अलीगढ़।

शिक्षा : एम.ए. (हिन्दी) (आगरा विश्वविद्यालय), पीएच.डी. एवं पोस्ट डॉक्टोरल शोध (हिन्दी), दिल्ली विश्वविद्यालय, दिल्ली।

मार्क्सवादी समीक्षक, प्रख्यात स्तम्भकार, मीडिया विशेषज्ञ।

चर्चित पुस्तकें : नयी कविता का वैचारिक आधार; कविता का अन्त; दूरदर्शन की भूमिका; दूरदर्शन : स्वायत्तता और स्वतन्त्रता (सं.); उत्तर-आधुनिक परिदृश्य; उत्तर-आधुनिकता और उत्तर-संरचनावाद; नवसाम्राज्यवाद और संस्कृति; नामवर के विमर्श (सं.); उत्तर-आधुनिक साहित्य विमर्श; दूरदर्शन : विकास से बाजार तक; उत्तर-आधुनिक साहित्यिक-विमर्श; देरिदा का विखण्डन और विखण्डन में 'कामायनी'; मीडिया और साहित्य; टीवी टाइम्स; साहित्य का उत्तरकाण्ड; अशोक वाजपेयी पाठ कुपाठ (सं.); प्रसार भारती और प्रसारण-परिदृश्य; दूरदर्शन : सम्प्रेषण और संस्कृति, स्त्री देह के विमर्श; आलोचना से आगे; मीडिया, जनतन्त्र और आतंकवाद; निर्मल वर्मा और उत्तर-उपनिवेशवाद; विभक्ति और विखण्डन; हिन्दुत्व और उत्तर-आधुनिकता; मीडिया की परख; पॉपूलर कल्चर के विमर्श; भूमण्डलीकरण, बाजार और हिन्दी; टेलीविजन समीक्षा : सिद्धान्त और व्यवहार; उत्तर-आधुनिक मीडिया विमर्श; बिन्दास बाबू की डायरी; फासीवादी संस्कृति और पॉप-संस्कृति; रीतिकाल : सेक्सुअलिटी का समारोह; मिस काउ : ए लव स्टोरी; तीसरी परम्परा की खोज।

सम्मान : मध्य प्रदेश साहित्य परिषद् का रामचन्द्र शुक्ल सम्मान (देरिदा का विखण्डन और विखण्डन में 'कामायनी'); भारतेन्दु हरिश्चन्द्र पुरस्कार से सम्मानित; दिल्ली हिन्दी अकादमी द्वारा 'साहित्यकार' सम्मान, शमशेर सम्मान एवं केन्द्रीय हिन्दी संस्थान का सुब्रह्मण्यम भारती सम्मान।

स्त्री जो एक त्वचा है : पाठ-परिचय

वर्तमान समय बाजार का है। जरूरत की हर वस्तु बाजार में उपलब्ध है। इससे आगे जाकर जरूरतें पैदा करने वाला बाजार है अब। परम्परागत बाजार तथा वर्तमान बाजार में एक युगान्तकारी बदलाव आया है। परम्परागत बाजार व्यक्ति की जरूरतें पूरी करता था। डिमाण्ड एण्ड सप्लाई। अर्थशास्त्र का प्राथामिक सिद्धान्त। परन्तु आज का बाजार जरूरतें पैदा करता है। क्रियेट डिमाण्ट एण्ड सप्लाई। नया नियम जिससे आज का बाजार संचालित है। जरूरतें पैदा करो। हर व्यक्ति को उपभोक्ता बना दो। उनके दिलो-दिमाग में जरूरतें पैदा कर दो वही बाजार जो गंजे को भी कंघी बेच दे।

भारतीय समाज में विविधता का गुण सर्वाधिक महत्त्वपूर्ण है। इस विविधता को ही लक्ष्य कर नया बाजार फल-फूल रहा है।

हम जानते हैं, भारत में विभिन्न तरह की भौगोलिक स्थितियाँ हैं, विभिन्न प्रकार की ऋतुएँ और तापमान हैं। इसी कारण हमारा रंग-रूप, कद-काठी, शरीर व चेहरे की बनावट अलग-अलग हैं। यह एक प्राकृतिक प्रक्रिया है। प्राकृतिक रूप से हमें अलग-अलग रूप-रंग मिला है। हम सदियों से इस विविधता का सम्मान करते आये हैं। परन्तु बाजार ने अपना लाभ कमाने के लिए हमारी प्राकृतिक विविधता को ही हमारी हीन भावना, हमारा दुर्गुण बना दिया है। अब हम अपनी नैसर्गिक प्राकृतिक बनावट से पीछा छुड़ाना चाहते हैं। हम जो हैं उससे अलग बनना-दिखना चाहते हैं। जैसा कि बाजार ने हमें समझाया, बताया है। सौन्दर्य के हमारे परम्परागत मानदण्ड बाजार ने बदल दिये हैं। अब हम बाजार-प्रदत्त सौन्दर्य मानदण्डों से स्वयं को जाँचते, परखते, परिभाषित करते हैं। बाजार ने हमें हमारी हर स्थिति से नाखुश रहना सिखा दिया है। हम साँवले या काले हैं तो गोरे होना चाहते हैं क्योंकि दुनियाभर में गोरा ही (अंग्रेज) श्रेष्ठ है। पतले हैं तो मोटा, मोटे हैं तो पतला होना चाहते हैं, छोटे हैं तो बड़े या लम्बे होना चाहते हैं और यह चाह जगाई है बाजार ने। तथा हर चाहत को पूरा करने का सामान लेकर बाजार हाजिर है। आज बाजार आपको बदल डालने का सारा साजो-समान लिए आपके घर में घुस आया है। सम्पूर्णता की अवधारणा भी बाजार ही देता है—कम्पलीट मैन बॉय रेमंड तथा साँवले से गोरा होकर हर कमी को पूरा करने का सपना भी बाजार परोस रहा है।

पाठ-सार

सुधीश पचौरी समसामयिक विषयों पर लिखने वाले हिन्दी के अप्रतिम गद्यकार हैं। उनका प्रिय विषय बाजार, विज्ञापन एवं मीडिया है। वे अपनी बेलाग टिप्पणियों तथा धारदार विचारों के लिए जाने जाते हैं। समसामयिक विडम्बनापूर्ण विषयों पर उनकी चुटीली टिप्पणी तीखे व्यंग्य की सृष्टि करती है।

प्रस्तुत व्यंग्य लेख 'स्त्री जो एक त्वचा है' विज्ञापन जगत तथा जनता की मानसिकता पर गहरी दृष्टि डालता है।

हर तरफ त्वचा को गोरा बनाने का दावा करने वाले उत्पादों के विज्ञापनों की भरमार है। कहीं क्रीम, कहीं लोशन, कहीं साबुन आदि। टी.वी., पत्र-पत्रिका, विज्ञापन, चौक-चौराहे के होर्डिंग इत्यादि हर स्थान पर त्वचा को गोरा बनाने के विज्ञापन नजर आ रहे हैं। हर तरफ साफ-सुथरी त्वचा वाली स्त्री है। यहाँ तक कि जो उत्पाद स्त्रियों के नहीं हैं, बेशक वह टायर या सीमेण्ट का विज्ञापन हो वहाँ भी 'गोरांग स्त्री' नजर आ रही है।

अब रीतिकाल की तरह नया बाजार का रीतिकाल आ गया है। सामान्य व्यक्ति भी अगर जेब में दाम हैं तो बाजार द्वारा राजाओं सामन्तों का-सा सुख लूट सकता है। पूँजीवाद को सामन्तवाद का जवाब बताने वालों पर सुधीश पचौरी व्यंग्य करते हैं–"विशाल मध्यवर्ग उन तमाम सुखों की लूट में व्यस्त है जो एक जमाने में सिर्फ सामन्तों-राजाओं को उपलब्ध थे और जिनका एकाधिकार था। उपभोक्तावादी युग ने उस सामन्तीय अहंकार की मूँछें मरोड़ कर धर दी हैं। सामान्य परिवार की लड़कियों के चेहरे रूप-सज्जा में नूरजहाँ के चेहरे का मुकाबला करते हैं।"

बाजार ने एक तरह का देहवादी विमर्श खड़ा कर दिया है। स्त्री 'त्वचा' या 'देह' से आगे भी कोई अस्तित्व या गरिमा रखती है, बाजार इसे मानने को ही तैयार नहीं, प्रस्तुत तो कहाँ से करेगा?

"इसने एक नया नस्लवाद पैदा किया है।" नैसर्गिक साधारण चेहरे हमें ठीक नहीं लगते। बनावटी व नकली हमें आकर्षक लगते हैं। बनावटी सौन्दर्यीकरण की यह हद है कि नाक-नक्श इच्छानुसार बनाये या बिगाड़े जा सकते हैं।

शब्दार्थ : स्त्री जो एक त्वचा है

पठनीय–पढ़ने लायक; **झाइयाँ**–चेहरे के धब्बे; **प्रसाधनों**–सुन्दरता का सामान; **आधार शिलाएँ**--बुनियाद के पत्थर; **दारोमदार**–निर्भर होना, टिका होना; **नुस्खे**–फार्मूले; **उत्तेजित**–भड़कना; **कुरूप**–भद्दे।

स्त्री जो एक त्वचा है

सुधीश पचौरी

महिलाओं में खास पठनीय एक अंग्रेजी पत्रिका के कुछ विज्ञापन इस प्रकार पढ़े जा सकते हैं :

एक लेप का विज्ञापन कहता है, 'मेरी जैसी त्वचा के लिए, यह लेप (लोशन)। हरी धरती पर, लेप की बोतल हलके बादामी रंग की पड़ी है। शीशी के पास लिखा है 'त्वचा इतनी तरोताजा...त्वचा इतनी स्वच्छ।' विज्ञापन का पाठ कहता है।

जिन्दगी आनन्द है। और इतना सब करने की है। किन्तु अपनी त्वचा की खातिर वक्त निकालना जरूरी है। साबुन, पानी से धोने के बाद यह शीशी है जो आपकी त्वचा को चाहिए। रोजाना चेहरे पर लगाइए। एक ऐसे रंग को पाने के लिए जो सुन्दर लगे। वर्षा, आतप कुछ हो। देर रात में आयें। यह शीशी कोमल बनाएगी। झाइयाँ हटाएगी। इस भाषा को बोलने वाला स्त्री-चेहरा बायें बाजू में है और गौर से देखें तो चेहरा बच्चों जैसा लगता है। ताजगी, कोमलता और स्वच्छता का प्रतीक। शीशी के उपयोग का जबर्दस्त प्रमाण।

एक अन्य विज्ञापन त्वचा-लेप के महत्त्व को समझाता है, 'एक खूबसूरत त्वचा स्त्री की बहुमूल्य सम्पदा है। हर स्त्री चाहती है कि उसकी त्वचा सुन्दर और कोमल दिखे। अब एक ऐसा लोशन आ गया, जो आपकी खाल की देखभाल करेगा, उसे छुए जाने योग्य बनाएगा' दायीं ओर चमत्कारी शीशी है हल्के गुलाबी रंग में, बायें एक बूँद में एक सुन्दरी समझाती है, 'अमरीकी और यूरोपीय लोगों की त्वचा सफेद होती है। भारतीय लोगों की खाकी होती है। धूप में पाँच मिनट खुली रहने पर यह त्वचा काली पड़ जाती है। इससे खाल को बचाना जरूरी है। उसे एक छाते या टोपी की जरूरत है। यह शीशी एक पर्दा बना देती है जो खाल को जलने नहीं देता।'

आगे पृष्ठ पलटें तो एक नीबू वाले साबुन का विज्ञापन आता है। इसमें झरने के बीच एक सुन्दरी साबुन के साथ अठखेलियाँ करती दिखती है। विज्ञापन का चित्र ही उसका सन्देश है। फिर भी नीचे गहरे हरे पीले रंगों में लिखा है, 'हल्की महक और उतेजक नीबू की ताजगी एक ताजा अनुभव।'

एक विज्ञापन गोरे रंग का पूरा शास्त्र ही रच डालता है—बायें बाजू एक साँवली लड़की उदास नीची नजर किये दिखती है। नीचे लिखा है। 'अगर आप इसे पढ़ेंगी तो गोरे होने के स्वप्न को साकार कर सकेंगी।' दायें बाजू में एक रंगीन तस्वीर है जिसमें एक लड़की खुश है वह एक फिल्म अभिनेत्री है जो कहती है, 'मेरे स्वप्न साकार हुए और मेरी दुनिया बदल गयी।' विज्ञापन के नीचे नारियल, खीरा, दूध आदि दिखाया गया है।

एक अन्य साबुन 'दोहरी ताजगी' दिखाता है। एक मर्द का गोरा चेहरा हँस रहा है। दो स्त्रियाँ दो तरफ से चूम रही हैं। फिर मुँहासा खत्म करने वाली क्रीम वाला कहता है, 'उस मुँहासे को कैसे रोकें जो आपके चेहरे से आकर्षण को चुराता है।' एक साबुन के बारे में एक सुन्दरी कहती है, 'यह साबुन मेरी त्वचा की देखभाल जिस ढंग से करता है उसके उस ढंग से मुझे प्यार है।'

स्त्रियों को सीधे सम्बोधित तमाम अंग्रेजी-हिन्दी पत्रिकाएँ और फैशन पत्रिकाएँ ऐसे विज्ञापनों से भरी होती हैं जो स्त्री के चेहरे की त्वचा और बालों के प्रसाधनों को विज्ञापित करती हैं। इन तमाम विज्ञापनों में 'गोराई', 'ताजगी' और 'आकर्षण' जैसे शब्द बारम्बार प्रयुक्त होते हैं। स्त्रियों के लिए विज्ञापित वस्तुओं—खासकर प्रसाधन सामग्री आदि के लिए अनिवार्य शब्दकोश की तरह ये नये सौन्दर्यशास्त्र की आधारशिलाएँ हैं।

हम मानें या न मानें प्रसाधन सामग्री और विज्ञापनों ने मिलकर हमारे समाज में स्त्री सौन्दर्य का एक नया मानक स्थापित कर दिया है। धीरे-धीरे हमारे बीच एक ऐसी स्त्री उठ खड़ी हुई है जो भयानक आकर्षक है। उसकी त्वचा चमकदार है वह तरोताजा है। मुस्कान उसके चेहरे पर हमेशा रहती है। फिल्मों में, सीरियलों में, विज्ञापनों में, तमाम जगह स्त्री का चेहरा युवा, चमकदार, तरोताजा और आक्रामक है।

इस सौन्दर्यशास्त्र का आधार 'त्वचा' है। समूचा बल ताजा, चमकदार और गोरी त्वचा पर है। सारा ध्यान स्त्री के चेहरे पर है। 'तरोताजा' बनाये रखने का दर्शन कहता है कि मनुष्य का सौन्दर्य, उसकी खाल में रहता है। इस तरह समूचा प्रसाधन तन्त्र मूलतः एक खाल-तन्त्र में तब्दील हो गया है।

आखिर इतनी तरोताजा खाल क्यों चाहिए? तिस पर स्त्रियों की खाल की क्यों चाहिए? मर्दों की खाल क्यों नहीं? इसलिए कि मर्दों के लिए 'ताकत' का सन्देश तय पाया गया है। मर्द 'ताकत' का प्रतीक माने जाते हैं। उन्हें लक्षित विज्ञापन उनकी कोमलता का बखान नहीं करते। 'कोमलता' स्त्री का विशेषण ठहरा। कोमलता हो तो 'मुरझाई' नहीं हो। कोमल हो कोई चीज और 'ताजा' न हो तो कोमलता दिखेगी कैसे? ताजा हो तो 'आकर्षक' दिखना अनिवार्य है।

कारण? 'आकर्षण' सौन्दर्य की जगह ले चुका है। प्रसाधनशास्त्र ने यह सिद्ध कर दिया है कि वह 'असुन्दर' को 'आकर्षक' बनाते हुए 'अनिवार्य' बना सकता है। अंग्रेजी के रूमानी कवियों ने सौन्दर्य को शाश्वत आनन्द का कारण कहा। वह सौन्दर्य वायवी था, अमूर्त था, भावना का था, हृदय का था। सौन्दर्य प्रायः द्रष्टा की दृष्टि या भावना में रहता था। वह अमर, शाश्वत और नित्य नवीनता से युक्त होता था, रमणीय वही होता था जो नित्य नया होता रहे। परम्परागत सौन्दर्यशास्त्र में, रूप-सौन्दर्य से अधिक भाव सौन्दर्य पर जोर रहता था।

नये सौन्दर्यशास्त्र का सारा दारोमदार 'रूप' पर है। इसीलिए नखशिख रूप वर्णन का नया रीतिकाल एक उद्योग की शक्ल में पैदा हो गया है। इस नये रीतिकाल ने पुराने रीतिकालीन दरबारी ग्राहक को हर जगह पैदा कर लिया है। विशाल मध्यवर्ग उन तमाम सुखों की लूट में व्यस्त है जो एक जमाने में सिर्फ सामन्तों राजाओं को उपलब्ध थे और जिनका एकाधिकार था। उपभोक्तावादी युग ने उस सामन्तीय अहंकार की मूँछें मरोड़ कर धर दी हैं। सामान्य परिवार की लड़कियों के चेहरे रूपसज्जा में नूरजहाँ के चेहरे का मुकाबला करते हैं। कभी-कभी तो स्वयं नूरजहाँ प्रसाधन बेचने निकली होती है। विज्ञापन जगत के विशेषज्ञों ने कड़ी मेहनत से कुछ नुस्खे तैयार किये हैं। उनमें स्त्री के सामान्य भावों, गुणों और नाकनक्श का 'मानकीकरण' किया जाता है। रूप वैविध्य, जो प्रकृति का धर्म है, में ऐसे सामान्य सूत्र ढूँढ़ लिए गये हैं जो हर स्त्री के लिए प्रीतिकर हो सकते हैं। सुन्दर एवं आकर्षक दिखने की इच्छा एक उम्र में नैसर्गिक होती है किन्तु बाल रंगने, झुर्रियाँ मिटाने और युवा-दिखाने की गारण्टी करने वाले विज्ञापन सबसे ज्यादा उन्हें फुसलाते हैं जो नैसर्गिक सौन्दर्य से अधिक कुछ और चाहते हैं।

स्त्री का मॉडल कोमल, युवा आकर्षक, सुन्दर और उत्तेजक ही हो सकता है। विज्ञापन जगत स्त्री की इस छवि को एक ही साथ उत्तेजित और मजबूत बनाता हुआ चलता है। त्वचा और चेहरे की देखभाल, केश एवं नाखूनों की देखभाल आदि की बढ़ती हुई चिन्ता बताती है कि विज्ञापन शास्त्र ने, मनुष्य की हमेशा जवान बने रहने की इच्छा को महाकाव्यात्मक विस्तार दे दिया है।

'हमेशा तरोताजा दिखें, हमेशा आकर्षक दिखें,' 'हमेशा प्रभावशाली दिखें'। इन सन्देशों में 'तरोताजा रहने' की जगह 'दिखने' पर अधिक जोर रहता है। 'दिखना' ही होता है। आप कैसे दिखते हैं, वही आपको 'होना' है। यदि आप दूसरे का ध्यान नहीं खींच सकते तो आपका 'होना' कहाँ हुआ?

आजकल तो समूची देह ही हमलावर बना दी गयी है। त्वचा पर अतिरिक्त जोर इस देहवाद का नया पहलू है। इससे पहले नेत्रों, गालों और बालों पर जोर

था। आज से बीस-पचीस वर्ष पहले के विज्ञापन देखें तो पता चलता है कि प्रसाधन सामग्री त्वचा की चमक, ताजगी और कोमलता पर जोर न देकर आँखों की नजर, केशों की चमक और मजबूती और गालों की लाली पर जोर देती थी। त्वचा बुनियादी कैनवस नहीं थी। आज त्वचा यानी देह एक जीता-जागता कैनवस बना दिया गया है।

त्वचा को कैनवास, क्रीड़ास्थली और रंगस्थली बना देने गहरे सांस्कृतिक अनुरोध है। चूँकि प्रसाधन सामग्री का सबसे बड़ा लक्ष्य स्त्री है इसलिए त्वचा पर जोर देने के अर्थ सैक्सी हो उठते हैं। इन विज्ञापनों को पढ़ते हुए ऐसा लगता है कि हम स्त्री नहीं, सिर्फ एक त्वचा के बारे में सोच रहे हैं। स्त्री त्वचा मात्र बना दी गयी है। सौन्दर्य का उद्योग स्त्री को मारकर उसकी खाल को उतारकर बेचता है।

यह एक संयोग ही तो है कि आज से पचासेक वर्ष पहले जो देह क्रान्ति अमरीका-यूरोप में शुरू हुई थी वह अपने विकसित रूप में हमारे समाज में घट रही है। प्रसाधन उद्योग ने देशों की सीमाएँ तोड़ दी हैं। एक नया पश्चिमी सौन्दर्यशास्त्र हमारे बाजारों, घरों के ड्राइंगरूमों तक फैला है। हजारों-लाखों बार हम इस नये सौन्दर्य के आदर्शों को निहारते रहते हैं, मोहित होते रहते हैं।

कस्बों, छोटे नगरों तक में पहुँच गये ब्यूटी पार्लर बहुत सी स्त्रियों के लिए दैनिक, साप्ताहिक और पाक्षिक जरूरतें बन गये हैं। नये सौन्दर्यशास्त्र ने लोगों को अत्यधिक सचेत कर दिया है कि वे यह खयाल रखें कि वे कैसे दिखते हैं? उसे जीवन की सफलता और उपलब्धियों को इस 'दिखने' से जोड़ दिया है।

इसने एक नया नस्लवाद पैदा किया है। हम ताजादम चमकदार चेहरे का रौब खाते हैं और मलीन चेहरों से, चाहे हमारे अपने हों, घृणा करते हैं। प्रसाधन के इस त्वचावाद ने साधन-सम्पन्न को आकर्षक बना दिया है, सम्पन्नता के बदबूदार ठीहों को कमनीय बना डाला है। दिल्ली में साधारण घूरों को दिल्ली प्रशासन टाइलों से इसीलिए सजाता है ताकि गन्दगी छिपी रहे। रंगीन बदबू अगर आये भी तो रहस्य की तरह अनिर्वचनीय बनी रहे। जो बात घूरे के बारे में सच है वह चेहरे के बारे में भी सच है। परम्परागत रूप में सुन्दर चेहरे, अनेक कुरूप चेहरों की चमक के आगे फीके लगते हैं। प्रसाधन सामग्री ने कुरूपता कुछ ऐसे मिटाई है कि हर चेहरा एक-सा नजर आता है। इस क्रम में यह तो हुआ कि जिन्हें पुराने किस्म के नस्लवादी काला, नकटा, चुन्धा आदि कहकर स्वयं को श्रेष्ठ माना करते थे, अवाक् हुए हैं किन्तु यह भी हुआ है कि चेहरों की कुदरती विविधता गायब कर दी गयी है। सौन्दर्यीकरण की इस मुहिम में नाक, आँख, केश, होंठ आदि इच्छानुसार बनाये या बिगाड़े जा सकते हैं।

त्वचा और चेहरे के सौन्दर्यीकरण की इस मुहिम की सबसे बड़ी शिकार स्त्री है। उसे मानवीय अधिकार और सम्मान देने की जगह उसे एक आकर्षक वस्तु में बदल दिया गया है। हर विज्ञापन में, यहाँ तक कि टायर या पेंट के विज्ञापन में स्त्री बैठा दी गयी है। वही विक्रेता है, वही खरीदार। विज्ञापन जगत में स्त्री एक 'अति' की तरह है। यह जाति विज्ञापनशास्त्र की एक मात्र उपलब्धि है। स्त्री विज्ञापनों का सबसे बड़ा औजार है। इसलिए भी, शायद स्त्रियों का होना इतना सहज लगता है कि उपभोक्ता आसानी से ढेर हो जाता है।

प्रसाधन सामग्री के विज्ञापनों के देहवाद ने स्त्री-देह को आकर्षक बनाकर चौराहे पर टाँग दिया है। इसे सच का एक पहलू कहा जा सकता है। स्त्री के प्रति तमाम परम्परागत बोध और प्रतिक्रियाओं को, किसी कानून या आन्दोलन ने उतना झटका नहीं दिया जितना विज्ञापनों ने, खासकर प्रसाधन सामग्री के विज्ञापनों ने दिया है। यह सच का दूसरा पहलू है। विज्ञापनों में स्त्री को एक नये सौन्दर्यशास्त्र का औजार बनाते हुए उसके शोषण के नये आयाम खोले हैं किन्तु यह भी सच है कि समाज में स्त्री की दावेदारी को बढ़ाया है। हर तरफ दिखने वाली स्त्री की छवि, स्त्रियों को चौकों-चूल्हों से बाहर निकालने में किसी हद तक मददगार भी हुई है। जिन समाजों में पर्दा प्रथा है, वहाँ स्त्री-छवि के हमले से पैदा होने वाले सांस्कृतिक झटकों को देखा जा सकता है कि कैसे विज्ञापन समाज में एक नया उपद्रव पैदा करते हैं और दृष्टिकोण बदलते हैं।

प्रसाधन सामग्री की क्रान्ति ने हमारे समाज के लगभग सभी स्तरों को चपेट में ले लिया है। त्वचा और चेहरे भर के सौन्दर्यशास्त्र ने भले स्त्री को एक निर्लज्ज प्रतीक में ढालकर, पुरातन आत्माओं को कष्ट दिया हो किन्तु उसने स्त्री को एक कृत्रिम व्यक्तित्व भी दिया है जो 'सूर्यमूपश्या' की लाजवन्ती की लाज को बन्धन नहीं मानता। समाजशास्त्री ऐसा मानते हैं। हम हजार नाक-भौं सिकोड़ें, चिढ़ें, चिल्लाएँ, किन्तु प्रसाधन सामग्री और विज्ञापन ने मिलकर हमें एक नया रूप-सौन्दर्य दिया है जिसके साथ हमारे रिश्ते अभी तक सामान्य नहीं बने हैं। मन-ही-मन हम चाहते हैं कि वह आकर्षक स्त्री हमारे पास हो जो एक महक में नहा रही है किन्तु प्रकटतः हम वैसा कभी नहीं कहते। हम इस नये रूप-सौन्दर्यवाद के शिकार हो चुके हैं। वह इतना हावी है कि विवाह से पहले या पार्टी में जाने से पहले हम ब्यूटी पार्लर जाते हैं और प्रेजेंटेबिल होकर जाते हैं। नये सौन्दर्यशास्त्र ने देह के सौन्दर्य को ही एक मात्र सौन्दर्य सिद्ध किया है। और हमारे समाज ने उसे चुपके से बहुत दूर तक स्वीकार भी कर लिया है। जितना आकर्षण आज हमारे समाज में ग्लैमर, चकाचौंध का है, उतना चिन्तन और विचार का नहीं है।

रामवृक्ष बेनीपुरी

रामवृक्ष बेनीपुरी का जन्म 12 दिसम्बर, 1899 को उनके पैतृक गाँव मुजफ्फरपुर जिले (बिहार) के बेनीपुर गाँव के एक भूमिहार ब्राह्मण परिवार में हुआ था। उसी के आधार पर उन्होंने अपना उपनाम 'बेनीपुरी' रखा था। उनकी प्राथमिक शिक्षा ननिहाल में हुई थी। मैट्रिक पास करने के बाद वे असहयोग आन्दोलन में शामिल हो गये। उनकी भाषा-वाणी प्रभावशाली थी। उनका व्यक्तित्व आकर्षक एवं शौर्य की आभा से दीप्त था। रामवृक्ष बेनीपुरी भारत के एक महान विचारक, चिन्तक, मनन करने वाले क्रान्तिकारी साहित्यकार, पत्रकार, सम्पादक थे। वे हिन्दी साहित्य के शुक्लोत्तर युग के प्रसिद्ध साहित्यकार थे। वे एक सफल सम्पादक के रूप में भी याद किये जाते हैं। वे राजनीतिक पुरुष न थे, पक्के देशभक्त थे। इन्होंने भारतीय स्वतन्त्रता संग्राम में आठ वर्ष जेल में बिताये थे। ये हिन्दी साहित्य के पत्रकार भी रहे और इन्होंने कई समाचार-पत्रों जैसे युवक (1929) भी निकाले। इसके अलावा कई राष्ट्रवादी और स्वतन्त्रता संग्राम सम्बन्धी कार्यों में संलग्न रहे।

रचनाएँ

रामवृक्ष बेनीपुरी की आत्मा में राष्ट्रीय भावना लहू के संग लहू के रूप में बहती थी जिसके कारण आजीवन वह चैन की साँस न ले सके। उनके फुटकर लेखों से और उनके साथियों के संस्मरणों से ज्ञात होता है कि जीवन के प्रारम्भ काल से ही क्रान्तिकारी रचनाओं के कारण बार-बार उन्हें कारावास भोगना पड़ता। सन् 1942 में अगस्त क्रान्ति आन्दोलन के कारण उन्हें हजारीबाग जेल में रहना पड़ा। जेलवास में भी वह शान्त नहीं बैठ सकते थे। वे वहाँ जेल में भी आग भड़काने वाली रचनाएँ लिखते। जब भी वे जेल से बाहर आते उनके हाथ में दो-चार ग्रन्थों की पाण्डुलिपियाँ अवश्य होतीं, जो आज साहित्य की अमूल्य निधि बन गयीं। उनकी अधिकतर रचनाएँ जेलवास की कृतियाँ हैं।

सन् 1930 के कारावास काल के अनुभव के आधार पर पतितों के देश में उपन्यास का सृजन हुआ। इसी प्रकार सन् 1946 में अंग्रेज भारत छोड़ने पर विवश हुए तो सभी राजनीतिक एवं देशभक्त नेताओं को रिहा कर दिया गया। उनमें रामवृक्ष बेनीपुरी जी भी थे। कारागार से मुक्ति की पावन पवन के साथ साहित्य की उत्कृष्ट रचना 'माटी की मूरतें' (कहानी संग्रह) और 'आम्रपाली' (उपन्यास) की पाण्डुलिपियाँ उनके उत्कृष्ट विचारों को अपने अन्दर समा चुकी थीं। उनकी अनेक रचनाएँ जो यश कलगी के समान हैं उनमें जयप्रकाश, नेत्रदान, सीता की माँ, विजेता, मील के पत्थर, गेहूँ और गुलाब, शेक्सपीयर के गाँव में और नींव की ईंट शामिल हैं। इन लेखों में भी रामवृक्ष बेनीपुरी ने अपने देश प्रेम, साहित्य प्रेम, त्याग की महत्ता, साहित्यकारों के प्रति सम्मान भाव दर्शाया है वह अविस्मरणीय है।

उनकी रचनाओं का विस्तृत विवरण इस प्रकार है–

नाटक : अम्बपाली, सीता की माँ, संघमित्रा, अमर ज्योति, तथागत, सिंहल विजय, शकुन्तला, रामराज्य, नेत्रदान, गाँव के देवता, नया समाज, विजेता, बैजू मामा, शमशान में अकेली अन्धी लड़की के हाथ में अगरबत्ती।

सम्पादन एवं आलोचन : विद्यापति की पदावली, बिहारी सतसई की सुबोध टीका जीवनी, जयप्रकाश नारायण।

संस्मरण तथा निबन्ध : पतितों के देश में, चिता के फूल, लाल तारा, कैदी की पत्नी, माटी, गेहूँ और गुलाब, जंजीरें और दीवारें, उड़ते चलो, उड़ते चलो।

ललित गद्य : 'वन्दे वाणी विनायक'।

ग्रन्थावली : 'Collected Works of Rambriksh Benipuri', 8 volumes, 'रामवृक्ष बेनीपुरी रचना संचयन।

सम्मान : 1999 में भारतीय डाक सेवा द्वारा बेनीपुरी जी के सम्मान में भारत का भाषायी सौहार्द मनाने हेतु भारतीय संघ के हिन्दी को राष्ट्र-भाषा अपनाने की अर्ध-शती वर्ष में डाक-टिकटों का एक सेट जारी किया। उनके सम्मान में बिहार सरकार द्वारा वार्षिक अखिल भारतीय रामवृक्ष बेनीपुरी पुरस्कार दिया जाता है।

9 सितम्बर, 1968 को वे इस संसार से विदा हो गये।

रजिया : पाठ-परिचय

साम्प्रदायिकता का प्रश्न आधुनिक राजनीतिक समझ की देन है। परम्परागत भारतीय समाज में साम्प्रदायिकता का प्रश्न वैसा नहीं था, जैसा आज है। हिन्दू-मुसलमान एक साझी संस्कृति का निर्वाह करते थे। रामदीन की बेटी का

ब्याह है तो रहीम, हसन आदि लगे हुए हैं काम करवाने में। दोनों सम्प्रदाय के लोग एक गाँव, एक मोहल्ले में एक साथ रहते रहे। पीढ़ियों से, सदियों से। एक-दूजे के सुख-दुख में साझीदार। यह चलन आज भी कई गाँवों में मिल जायेगा। सन् 1857 के बाद जो राजनीति पनपी उसका बीज अंग्रेज सरकार ने बाया था, उसे खींचा हमारे ही सत्ता-पिपासु नेताओं ने। उसका फल भोगना पड़ रहा है भोली-भाली जनता को। किन्तु फिर भी हमारे आसपास से कुछ ऐसे लोग, ऐसे चरित्र निकल आते हैं जो धर्म-सम्प्रदाय से ऊपर जीवन और मानवीयता को रखकर चलते हैं।

पाठ-सार

'रजिया' रामवृक्ष बेनीपुरी का संस्मरण है। जैसा कि होता है संस्मरण में स्मृति के आधार पर चरित्र को जीवन्त किया गया है। चरित्र का चेहरा, स्वभाव तथा पूरा व्यक्तित्व इस प्रकार उभरकर आता है कि व्यक्ति आँखों के समक्ष साक्षात् उपस्थित दिखाई देता है।

'रजिया' को याद करते हुए लेखक उसके बचपन से लेकर बुढ़ापे तक का ऐसा सजीव चित्रांकन करता है कि रजिया से हमें भी मुहब्बत हो जाती है। लेखक का बचपन अपनी मौसी के घर बड़े ही प्यार-दुलार में बीता। वहाँ हिन्दू-मुसलमान एक-दूसरे पर निर्भर थे। मुसलमान ज्यादातर कारीगर होते थे तो हिन्दू उनके खरीददार।

रजिया की माँ उसे साथ लेकर लेखक के घर आया करती थी। रजिया की माँ चूड़ी पहनाने का काम करती थी। वहीं छोटी-सी बालिका रजिया से लेखक (जो उस समय बच्चा था) की मुलाकात हुई।

जैसे-जैसे उम्र बढ़ती गयी वैसे-वैसे लेखक और रजिया के शरीर बढ़ने लगे। वे बालक से तरुण, युवा, प्रौढ़ और वृद्ध हुए। वे शारीरिक रूप से बदले किन्तु मन से नहीं। रजिया वैसी ही खिलंदड़ी, जीवन्त और ऊर्जा से भरपूर रही। लेखक जब सम्पादक व प्रसिद्ध होकर शहर गया वहाँ भी रजिया से भेंट हुई। जब उसका विवाह हुआ तो वह अपने पति हसन के साथ चूड़ियाँ पहनाने आने लगी। वह सदैव बेहद आत्मीयता के साथ लेखक से मिलती।

वृद्धावस्था में लेखक चुनाव लड़ता है और उसे रजिया के गाँव जाना पड़ता है। लेखक को मंच पर से साक्षात् रजिया बुलाने आती है, लेकिन वह रजिया की पोती थी। रजिया बीमार-बूढ़ी खाट पकड़ चुकी है। फिर मुलाकात होती है। वही आत्मीयता, वही निश्छलता। लेखक ने बेहद भाव-विभोर कर देने वाला चित्र खींचा है।

शब्दार्थ-रजिया

काट–बनावट; **खाँची**–टोकरी; **बाल सुलभ**–बच्चों जैसी सरल; **चुड़िहारिनों**–चूड़ी पहनाने वाली स्त्री; **पिन्हाने**–पहनाने; **सकुचा**–शरमाना; **चौकन्नी-सी**–चौंकी हुई, सजग; **कसमसाहट**–बेचैनी के भाव; **भ्रातृत्व**–भाईचारा; **नवोढ़ा**–नयी दुल्हन; **क्रीड़ा**–खेल; **पतायी**–कुशल, एक्सपर्ट; **चुहलें**–मजाक; **बाज**–न मानना; **चटक**–टूटना; **निपुण**–विशेषज्ञ, एक्सपर्ट; **नाजोअदा**–अदा, नखरे; **दुर्लभ**–बहुत कम मिलना; **खाविन्द**–पति; **पेशानी**–माथा; **शिकन**–माथे की रेखाएँ; **झंझटें**–मुश्किलें; **डोलते**–घूमते रहना; **खुरदुरे**–ऊबड़-खाबड़; **जंजाल**–समस्याएँ; **पद-प्रतिष्ठा**–मान-सम्मान; **रूमानी फिजा**–सुन्दर वातावरण; **चुहुल**–हँसी-मजाक; **हुमच-हुमचकर**–जबरदस्ती; **घाघ**–चालाक, चतुर; **ठठाकर**–जोर से; **औघट घाट**–श्मशान घाट, नदी किनारे का; **गब्बर**–भारी-भरकम; **शोख**–चंचल, शरारती; **चिक्कन-दुर-दुर-आँगन**–साफ-सुथरा चिकना; **हवागाड़ी**–जीप, कार; **मकड़जाल**–मकड़ी जैसा जाल; **शुभ्र-श्वेत**–एकदम सफेद।

रजिया

रामवृक्ष बेनीपुरी

कानों में चाँदी की बालियाँ, गले में चाँदी का हैकल, हाथों में चाँदी के कंगन और पैरों में चाँदी की गोडाई—भर बाँह की बूटेदार कमीज पहने, काली साड़ी के छोर को गले में लपेटे, गोरे चेहरे पर लटकते हुए कुछ बालों को सँभालने में परेशान, वह छोटी-सी लड़की जो उस दिन मेरे सामने आकर खड़ी हो गयी थी—अपने बचपन की उस रजिया की स्मृति ताजा हो उठी, जब मैं भी उस दिन अचानक उसके गाँव में जा पहुँचा।

हाँ, यह मेरे बचपन की बात है। मैं कसाईखाने से रस्सी तुड़ाकर भागे हुए बछड़े की तरह उछलता हुआ अभी-अभी स्कूल से आया था और बरामदे की चौकी पर अपना बस्ता सिलेट पटककर मौसी से छठ में पके ठेकुस लेकर उन्हें कुतर-कुतर कर खाता हुआ ढेंकी पर झूला झूलने का मजा पूरा करना चाह रहा था कि उधर से आवाज आयी—देखना, बबुआ का खाना मत छू देना—और उसी आवाज के साथ मैंने देखा यह, अजीब रूप-रंग की लड़की मुझसे दो-तीन गज आगे खड़ी हो गयी।

मेरे लिए यह रूप-रंग सचमुच अजीब था। ठेठ हिन्दुओं की बस्ती है मेरी और मुझे मेले-पेठिए में भी अधिक नहीं जाने दिया जाता, क्योंकि सुना है बचपन में मैं एक मेले में खो गया था, मुझे कोई औघड़ लिए जा रहा था कि गाँव की एक लड़की की नजर पड़ी और मेरा उद्धार हुआ। मैं माँ-बाप का इकलौता था। माँ चल बसी थी, इसलिए उनकी इस एकमात्र धरोहर को मौसी आँखों में जुगोकर रखतीं। मेरे गाँव में भी लड़कियों की कमी नहीं, किन्तु न उनकी ये वेशभूषा, न यह रंग-रूप! मेरे गाँव की लड़कियाँ कानों में बालियाँ कहाँ डालतीं और भर बाँह की कमीज भी उन्हें कभी नहीं पहने देखा, और गोरे चेहरे तो मिले हैं, किन्तु इसकी आँखों में जो एक अजीब किस्म का नीलापन दीखता, वह कहाँ? और समूचे चेहरे की काट भी कुछ निराली जरूर—तभी तो मैं उसे एकटक घूरने लगा।

यह बोली थी रजिया की माँ, जिसे प्रायः ही अपने गाँव में चूड़ियों की खँचिया लेकर आते देखता आया था। वह मेरे आँगन में चूड़ियों का बाजार पसारकर बैठी थी और कितनी ही बहू-बेटियाँ उसे घेरे हुए थीं। मुँह से भाव-साव करती और हाथ से खरीदारिनों के हाथ में चूड़ियाँ चढ़ाती वह सौदे पटाये जा रही थी। अब तक उसे अकेले ही आते-जाते देखा था, हाँ, कभी-कभी उसके पीछे मर्द होता जो चूड़ियों की खाँची ढोता। यह बच्ची आज पहली बार आयी थी और न जाने किस बालसुलभ उत्सुकता ने उसे मेरी ओर खींच लिया था। शायद वह यह भी नहीं जानती थी कि किसी के हाथ का खाना किसी के निकट पहुँचने से ही छू जाता है। माँ जब अचानक चीख उठी, वह ठिठकी, सहमी—उसके पैर तो वहीं बँध गये, किन्तु इस ठिठक ने उसे मेरे बहुत निकट ला दिया, इसमें सन्देह नहीं।

मेरी मौसी झट उठीं, घर में गयीं और दो ठकुए और एक कसार लेकर उसके हाथों में रख दिये। वह लेती नहीं थी, किन्तु अपनी माँ के आग्रह पर हाथ में रख तो लिया, किन्तु मुँह से नहीं लगाया। मैंने कहा—खाओ न? क्या तुम्हारे घर में ये सब नहीं बनते? छठ का व्रत नहीं होता? कितने प्रश्न—किन्तु सबका जवाब 'न' में ही और वह भी मुँह से नहीं, जरा-सा गरदन हिलाकर। और गरदन हिलाते-हिलाते ही चेहरे पर गिरे बाल की जो लटें हिल-हिल उठतीं, वह उन्हें परेशानी से सम्हालने लगती।

जब उसकी माँ नयी खरीदारिनों की तलाश में मेरे आँगन से चली, रजिया भी उसके पीछे हो ली। मैं खाकर, मुँह धोकर अब उसके निकट था और जब वह चली, जैसे उसकी डोर में बँधा थोड़ी दूर तक घिसटता गया। शायद मेरी भावुकता देखकर ही चुड़िहारिनों के मुँह पर खेलने वाली अजस्र हँसी और चुहल में ही उसकी माँ बोली—बबुआ जी, रजिया से ब्याह कीजिएगा? फिर बेटी की ओर मुखातिब होती, मुस्कराहट में कहा—क्यों रे रजिया, यह दूल्हा तुम्हें पसन्द है? उसका यह कहना, कि मैं मुड़कर भागा। ब्याह? एक मुसलमानिन से? अब रजिया की माँ ठठा रही थी और रजिया सिमटकर उसके पैरों में लिपटी थी, कुछ देर निकल जाने पर मैंने मुड़कर देखा।

रजिया, चुड़िहारिन, वह इसी गाँव की रहने वाली थी। बचपन में इसी गाँव में रही और जवानी में भी। क्योंकि मुसलमानों में गाँव में ही शादी हो जाती है न? और यह अच्छा हुआ—क्योंकि बहुत दिनों तक प्रायः ही उससे अपने गाँव में ही भेंट हो जाया करती थी।

मैं पढ़ते-पढ़ते बढ़ता गया। बढ़ने पर पढ़ने के लिए शहरों में जाना पड़ा। छुट्टियों में जब-तब आता। इधर रजिया पढ़ तो नहीं सकी, हाँ, बढ़ने में मुझसे पीछे नहीं रही। कुछ दिनों तक अपनी माँ के पीछे-पीछे घूमती फिरी। अभी उसके सिर पर चूड़ियों की खँचिया तो नहीं पड़ी, किन्तु खरीदारिनों के हाथों चूड़ियाँ पिन्हाने की कला वह जान गयी थी। उसके हाथ मुलायम थे, बहुत मुलायम। नयी बहुओं की यही राय थी। वे इसी के हाथ से चूड़ियाँ पहनना पसन्द करतीं। उसकी माँ इससे प्रसन्न ही हुई—जब तक रजिया चूड़ियाँ पिन्हाती, वह नयी-नयी खरीदारिनें फँसाती।

रजिया बढ़ती गयी। जब-जब भेंट होती, मैं पाता, उसके शरीर में नये-नये विकास हो रहे हैं। शरीर में और स्वभाव में भी। पहली भेंट के बाद पाया था, वह कुछ प्रगल्भ हो गयी है—मुझे देखते ही दौड़कर निकट आ जाती, प्रश्न पर प्रश्न पूछती। अजीब अटपटे प्रश्न—देखिए तो, ये नयी बालियाँ, आपको पसन्द हैं? क्या शहरों में ऐसी बालियाँ पहनी जाती हैं? मेरी माँ शहर से चूड़ियाँ लाती हैं, मैंने कहा है, वह इस बार मुझे भी ले चले। आप किस तरफ रहते हैं वहाँ? क्या भेंट हो सकेगी—वह बके जाती, मैं सुनता जाता। शायद जवाब की जरूरत वह भी नहीं महसूस करती।

फिर कुछ दिनों बाद पाया, वह अब कुछ सकुचा रही है। मेरे निकट आने के पहले वह इधर-उधर देखती और जब कुछ बातें करती, तो ऐसी चौकन्नी-सी कि कोई देख न ले, सुन न ले। एक दिन जब वह इसी तरह बातें कर रही थी कि मेरी भौजी ने कहा—देखियो री रजिया, बबुआ जी को फुसला नहीं लीजियो। वह उनकी ओर देखकर हँस तो पड़ी, किन्तु मैंने पाया, उसके दोनों गाल लाल हो गये हैं और उन नीली आँखों के कोने मुझे सजल-से लगे। मैंने ध्यान दिया, जब हम लोग कहीं मिलते हैं, बहुत-सी आँखें हम पर भालों की नोक ताने रहती हैं।

रजिया बढ़ती गयी, बच्ची से किशोरी हुई और अब जवानी के फूल उसके शरीर में खिलने लगे हैं। अब भी वह माँ के साथ ही आती है, किन्तु पहले माँ की एक छाया मात्र लगती थी, अब उसका स्वतन्त्र अस्तित्व है और उसकी छाया बनने के लिए कितनों के दिलों में कसमसाहट है। जब वह बहनों को चूड़ियाँ पिन्हाती है, कितने भाई तमाशा देखने को वहाँ एकत्र हो जाते हैं। क्यों? बहनों के प्रति भ्रातृत्व भाव या रजिया के प्रति एक अज्ञात आकर्षण वहाँ लाता है उन्हें। जब वह बहुओं के हाथों में चूड़ियाँ ठेलती होती है, पतिदेव दूर खड़े कनखियों से देखते होते हैं—क्या? अपनी नवोढ़ा की कोमल कलाइयों

को, या इन कलाइयों पर क्रीड़ा करती हुई रजिया की पतायी उँगलियों को? और, जैसे रजिया को इसमें रस मिलता है। पतियों से चुहलें करने से वह बाज नहीं आती—बाबू, बड़ी महीन चूड़ियाँ हैं, जरा देखियेगा कहीं चटक न जायें। पतिदेव भागते हैं। बहुएँ खिलखिलाती हैं, रजिया ठट्ठा लगाती है। अब वह अपने पेशे में निपुण होती जाती है।

हाँ, रजिया अपने पेशे में भी निपुण होती जाती थी। चुड़िहारिन के पेशे के लिए सिर्फ यही नहीं चाहिए कि उसके पास रंग-बिरंग की चूड़ियाँ हों—सस्ती, टिकाऊ, टटके से टटके फैशन की। बल्कि यह पेशा चूड़ियों के साथ चुड़िहारिनों के बनाव-शृंगार, रूप-रंग, नाजोअदा भी खोजता है। जो चूड़ी पहननेवालियों को ही नहीं, उनको भी मोह सके, जिनकी जेब से चूड़ियों के लिए पैसे निकलते हैं, सफल चूड़िहारिन थी वह। यह रजिया की माँ भी किसी जमाने में क्या कुछ कम रही होगी—खण्डहर कहता है, इमारत शानदार थी।

ज्यों-ज्यों शहर में रहना बढ़ता गया, रजिया से भेंट भी दुर्लभ होती गयी। और एक दिन वह भी आया, जब बहुत दिनों पर उसे अपने गाँव में देखा, पाया उसके पीछे एक नवजवान चूड़ियों की खाँची सिर पर लिए हैं। मुझे देखते ही वह सहमी, सिकुड़ी और मैंने मान लिया, यह उसका पति है। किन्तु तो भी अनजान-सा पूछ ही दिया—'इस मजूरे को कहाँ से उठा लायी रे?' 'इसी से पूछिये, साथ लग गया तो क्या करूँ'। नवजवान मुस्कराया, रजिया बिहँसी, बोली—'यही मेरा खाविन्द है मालिक।'

खाविन्द! बचपन की उस पहली मुलाकात में उसकी माँ ने दिल्लगी-दिल्लगी में जो कह दिया, न जाने वह बात कहाँ सोई पड़ी थी। अचानक वह जगी और मेरी पेशानी पर उस दिन शिकन जरूर उठ आयी होगी, मेरा विश्वास है। और, एक दिन वह भी आया कि मैं भी खाविन्द बना। मेरी रानी को सुहाग की चूड़ियाँ पहनाने उस दिन रजिया आयी और उस दिन मेरे आँगन में कितनी धूम मचाई इस नटखट ने, यह लूँगी, वह लूँगी और ये मुँहमाँगी चीजें नहीं मिलीं तो 'वह' लूँगी कि दुलहिन टापती रह जायेगी। हट-हट तू बबुआ जी को ले जायेगी तो फिर तुम्हारा यह हसन क्या करेगा—भौजी ने कहा। यह भी टापता रहेगा बहुरिया, कहकर रजिया ठट्ठा मारकर हँसी और दौड़कर हसन से लिपट गयी। ओ हो मेरे राजा, कुछ दूसरा न समझना। हसन भी हँस पड़ा। रजिया अपनी प्रेमकथा सुनाने लगी। किस तरह यह हसन उसके पीछे पड़ा, किस तरह झंझटें आयीं, फ़िर किस तरह शादी हुई और वह आज भी किस तरह साया-सा उसके पीछे घूमता है—न जाने कौन-सा डर लगा रहता

है इसे। और फिर, मेरी रानी की कलाई पकड़कर बोली—मालिक भी तुम्हारे पीछे इसी तरह छाया की तरह डोलते रहें दुल्हन! सारा आँगन हँसी से भर गया था। और उसी हँसी में रजिया के कानों की बालियों ने अजीब चमक भर दी थी—मुझे ऐसा ही लगा था।

जीवन का रथ खुरदुरे पथ पर बढ़ता गया—मेरा भी, रजिया का भी। इसका पता उस दिन चला जब बहुत दिनों पर उससे अचानक पटना में भेंट हो गयी। यह अचानक बात तो थी, किन्तु क्या इसे भेंट कहा जाये?

मैं आजकल ज्यादातर घर से दूर-दूर ही रहता। कभी एकाध दिनों के लिए घर गया, शाम को गया, सुबह भागा। तरह-तरह की जिम्मेदारियाँ, तरह-तरह के जंजाल। इन दिनों पटना में, यों कहिए पटना सिटी में एक छोटे से अखबार में था, पीर-बाबर्ची-भिश्ती की तरह। यों तो लोग समझते कि मैं सम्पादक ही हूँ। उन दिनों न इतने अखबार थे, न इतने सम्पादक। इसलिए मेरी बड़ी कदर है, यह मैं जानता। जब कभी दफ्तर से निकलता, देखता, लोग मेरी ओर उँगली उठाके फुसफुसा रहे हैं। लोगों का मुझ पर यह ध्यान—मुझे हमेशा अपनी पद-प्रतिष्ठा का ख़याल रखना पड़ता।

एक दिन मैं चौक के एक प्रसिद्ध पान वाले की दुकान पर पान खा रहा था। मेरे साथ मेरे प्रशंसक नवयुवक थे, एक-दो बुजुर्ग भी आकर खड़े हो गये। हम पान खा रहे थे और कुछ चुहलें चल रही थीं कि एक बच्चा आया और बोला, 'बाबू, वह औरत आपको बुला रही है।'

औरत, बुला रही, चौक पर! मैं चौंक पड़ा। युवकों में थोड़ी हलचल, बुजुर्गों के चेहरे पर रहस्यमयी मुस्कान भी मुझसे छिपी नहीं रही। औरत कौन? मेरे चेहरे पर गुस्सा था, वह लड़का सिट-पिटाकर भाग गया।

पान खाकर लोग इधर-उधर चले, अचानक पाता हूँ, मेरे पैर उस ओर उठ रहे हैं जिस ओर उस बच्चे ने उँगली से इशारा किया था। थोड़ी दूर आगे बढ़ने पर पीछे देखा, परिचितों में से कोई देख तो नहीं रहा है। किन्तु इस चौक की शाम की रूमानी फिजा में किसी को किसी ओर देखने की कहाँ फुर्सत! मैं आगे बढ़ता गया और वहाँ पहुँचा जहाँ उससे पूरब वह पीपल का पेड़ है। वहाँ पहुँच ही रहा था कि देखा, पेड़ के नीचे चबूतरे की तरफ से एक स्त्री बढ़ी आ रही है। और निकट पहुँचकर कह उठी—सलाम मालिक!

धक्-सा लगा। किन्तु पहचानते देर नहीं लगी—उसने ज्यों ही सिर उठाया, चाँदी की बालियाँ जो चमक उठीं।

रजिया! यहाँ कैसे? मेरे मुँह से निकल पड़ा।

सौदा-सुलफ करने आयी हूँ मालिक! तब तो नये किस्म के लोग हो गये न? अब लाह की चूड़ियाँ कहाँ किसी को भाती हैं। नये लोग, नयी चूड़ियाँ। साज सिंगार की कुछ और चीजें भी ले जाती हूँ—पौडर, किलप, क्या-क्या चीजें न? नया जमाना, दुल्हनों के नये मिजाज।

फिर जरा-सा रुककर बोली—सुना था, आप यहीं रहते हैं। कहाँ रहते हैं मालिक? मैं तो अक्सर आया करती हूँ। और जब तक पूछूँ कि अकेली हो या...कि एक अधवयस आदमी ने आकर सलाम किया। यह सहन था। लम्बी-लम्बी दाढ़ियाँ, पाँच हाथ का लम्बा और मुस्तंडा भी। देखिए मालिक, यह आज भी मेरा पीछा नहीं छोड़ता। यह कहकर रजिया हँस पड़ी। अब रजिया वह नहीं थी, किन्तु उसकी हँसी वही थी। वही हँसी, वही चुहुल। इधर-उधर की बहुत-सी बातें करती रही और न जाने कब तक जारी रखती कि मुझे याद आया, मैं कहाँ हूँ और अब मैं कौन हूँ? कोई देख ले तो!

किन्तु, वह फुर्सत दे तब न। जब मैंने जाने की बात की, हसन की ओर देख कर बोली—क्या देखते हो, जरा पान भी तो मालिक को खिलाओ, कितनी बार हुमच-हुमचकर भरपेट ठूँस चुके हो बाबू के घर।

जब हसन पान लाने चला गया, रजिया ने बताया, किस तरह दुनिया बदल गयी है। अब तो ऐसे गाँव हैं जहाँ के हिन्दू मुसलमानों के हाथ से सौदे नहीं खरीदते। अब हिन्दू चुड़िहारिनें हैं, हिन्दू दरजी हैं। इसलिए रजिया ऐसे खानदानी पेशे वालों को बड़ी दिक्कत हो गयी है। किन्तु रजिया ने यह खुशखबरी सुनाई, मेरे गाँव में यह पागलपन नहीं और मेरी रानी तो सिवा रजिया के किसी दूसरे के हाथ से चूड़ियाँ लेती ही नहीं।

हसन का लाया पान खाकर जब मैं चलने को तैयार हुआ, वह पूछने लगी, मेरा डेरा कहाँ है। मैं बड़े पसोपेश में पड़ा। डरिये मत मालिक, अकेले नहीं आऊँगी, यह भी रहेगा। क्या मेरे राजा—यह कहकर वह हसन से लिपट पड़ी। पगली, यह शहर है शहर। यों...हसन ने हँसते हुए उससे बाँहें छुड़ाईं और बोला, बाबू, बाल-बच्चों वाली हो गयी, किन्तु इसका बचपना नहीं गया।

और दूसरे दिन पाता हूँ, रजिया मेरे डेरे पर हाजिर है। मालिक, ये चूड़ियाँ रानी के लिए—कहकर मेरे हाथों में चूड़ियाँ रख दीं। मैंने कहा, तुम तो घर पर जाती ही हो, लेती जाओ, वहीं दे देना।

नहीं मालिक, एक बार अपने हाथ से भी पिन्हा देखिए? वह खिलखिला पड़ी। और जब मैंने कहा—अब इस उम्र में? तो वह हसन की ओर देखकर बोली, पूछिए इससे, आज तक मुझे यही चूड़ियाँ पिन्हाता है या नहीं? और

जब हसन कुछ शरमाया, वह बोली—'घाघ है मालिक घाघ, कैसा मुँह बना रहा है इस समय' लेकिन जब हाथ में हाथ लेता है...ठठाकर हँस पड़ी इतने जोर से कि मैं चौंककर चारों तरफ देखने लगा।

हाँ, तो अचानक उस दिन उसके गाँव में पहुँच गया। चुनाव का चक्कर, जहाँ न ले जाये। जिस औघट-घाट पर न खड़ा कर दे। नाक में पेट्रोल के धुएँ की गन्ध, कान में साँय-साँय की आवाज, चेहरे पर दर्द-गुबार का अम्बार—परेशान, बदहवास। किन्तु उस गाँव में ज्योंही मेरी जीप घुसी, मैं एक खास किस्म की भावना से अभिभूत हो गया।

यह रजिया का गाँव है, यहाँ रजिया रहती थी। किन्तु क्या आज मैं यह भी पूछ सकता हूँ कि यहाँ कोई रजिया नाम की चुड़िहारिन रहती थी या है। हसन का नाम लेने में भी शर्म लगती थी। मैं वहाँ नेता बनकर गया था। मेरा जय-जयकार हो रहा था, कुछ लोग मुझे घेरे खड़े थे। जिसके दरवाजे पर जाकर पान खाऊँगा, वह अपने को बड़भागी समझेगा। जिससे दो बातें कर लूँगा वह स्वयं चर्चा का एक विषय बन जायेगा। इस समय मुझे कुछ ऊँचाई पर ही रहना चाहिए।

जीप से उतरकर लोगों से बातें कर रहा था, या यों कहिए कि कल्पना के पहाड़ पर खड़े खोकर एक आने वाले स्वर्ण-युग का सन्देश लोगों को सुना रहा था, किन्तु दिमाग में कुछ गुत्थियाँ उलझी थीं। जीभ अभ्यासवश एक काम किये जा रही थी, अन्तर्मन कुछ दूसरा ही ताना-बाना बुन रहा था। दोनों में कोई तारतम्य न था, किन्तु इसमें से किसी एक की गति में भी बाधा क्या डाली जा सकती थी?

कि अचानक, लो यह क्या? वह रजिया चली आ रही है। रजिया! वह बच्ची! अरे रजिया फिर बच्ची हो गयी? कानों में वे ही बालियाँ, गोरे चेहरे पर वे ही नीली आँखें, वही भर बाँह की कमीज, वे ही कुछ लटें जिन्हें सम्हालती बढ़ी आ रही है। बीच में चालीस-पैंतालीस साल का व्यवधान। अरे, मैं सपना तो नहीं देख रहा? दिन में सपना? वह आती है, गब्बर ऐसी भीड़ में घुसकर मेरे निकट पहुँचती है, सलाम करती है और मेरा हाथ पकड़कर कहती है—'चलिए मालिक, मेरे घर।'

मैं भौचक्का, कुछ सूझ नहीं रहा, कुछ समझ में नहीं आ रहा। लोग मुस्कुरा रहे हैं। नेताजी, आज आपकी कलई खुलकर रही। नहीं। यह सपना है कि कानों में सुनाई पड़ा, एक कह रहा है—कैसी शोख है लड़की। और दूसरा बोलता है ठीक अपनी दादी जैसी। और तीसरे ने मेरे होश की दवा दी—यह

रजिया की पोती है बाबू! बेचारी बीमार पड़ी है। आपकी चर्चा अक्सर किया करती है। बड़ी तारीफ करती है। बाबू, फुर्सत हो तो जरा देख लीजिए, न जाने बेचारी जीती है या...

मैं रजिया के आँगन में खड़ा हूँ। ये छोटे-छोटे साफ-सुथरे घर, यह लिपा-पुता चिक्कन-ढुर-ढुर आँगन। भरी-पूरी गृहस्थी—मेहनत और दयानत की बेन। हसन चल बसा है किन्तु अपने पीछे तीन हसन छोड़ गया है। बड़ा बेटा कलकत्ता कमाता है, मँझला पुश्तैनी पेशे में लगा है, छोटा शहर में पढ़ रहा है। यह बच्ची, बड़े बेटे की बेटी। दादा का सिर पोते में, दादी का चेहरा पोती में, हूबहू रजिया—दूसरी रजिया मेरी उँगली पकड़े आँगन से पुकार रही है—दादी ओ दादी, घर से निकल, मालिक दादा आ गये। किन्तु पहली रजिया निकल नहीं रही। कैसे निकले? बीमारी के मैले-कुचैले कपड़ों में मेरे सामने कैसे आये!

रजिया ने अपनी पोती को तो भेज दिया, किन्तु उसे विश्वास न हुआ कि हवागाड़ी पर आने वाला नेता अब उसके घर तक आने की तकलीफ कर सकेगा? और जब सुना, मैं आ रहा हूँ, तो बहुओं से कहा—जरा मेरे कपड़े तो बदलवा दो—मालिक से कितने दिनों पर भेंट हो रही है न?

इसकी दोनों पतोहुएँ उसे सहारा देकर आँगन में ले आयीं। रजिया—हाँ मेरे सामने रजिया खड़ी थी। दुबली-पतली रूखी-सूखी। किन्तु जब नजदीक आकर उसने 'मालिक सलाम' कहा, उसके चेहरे से एक क्षण के लिए झुर्रियाँ कहाँ चली गयीं, जिन्होंने उसके चेहरे को मकड़जाल बना रखा था। मैंने देखा, उसका चेहरा अचानक बिजली के बल्ब की तरह चमक उठा और चमक उठीं वे नीली आँखें, जो कोटरों में धँस गयी थीं। और, अरे चमक उठी हैं आज फिर वे चाँदी की बालियाँ और देखो, अपने को पवित्र कर लो, उसके चेहरे पर फिर अचानक लटक कर चमक रही हैं वे लटें, जिन्हें समय ने धो-पोंछकर शुभ्र-श्वेत बना दिया है।

चित्रा मुद्‌गल

चित्रा मुद्‌गल का जन्म 10 सितम्बर, 1944 को चेन्नई (तमिलनाडु) में हुआ था। उनकी प्रारम्भिक शिक्षा पैतृक गाँव उत्तर प्रदेश के उन्नाव जिले में स्थित निहाली खेड़ा और उच्च शिक्षा मुम्बई विश्वविद्यालय में हुई। बकौल चित्रा मुद्‌गल, 'विद्रोह, संघर्ष और कायरता, मनुष्य को ये सभी चीजें घर के वातावरण से ही मिलती हैं। मुझे भी घर के माहौल ने विद्रोही बनाया।' संयोग देखिए कि इसी विद्रोह ने चित्रा मुद्‌गल को रचना संसार की राह भी दिखायी। पहली कहानी स्त्री-पुरुष सम्बन्धों पर थी, जो 1955 में प्रकाशित हुई।

चित्रा मुद्‌गल के लेखन में जहाँ एक ओर निरन्तर रीती होती जा रही मानवीय संवेदनाओं का चित्रण होता है, वहीं दूसरी ओर नये जमाने की रफ्तार में फँसी जिन्दगी की मजबूरियों का चित्रण भी बड़े सलीके से हुआ है। इनके पात्र समाज के निम्न वर्ग के होते हैं और उनकी जिन्दगी के समूचे दायरे के अन्दर तक घुसकर अध्ययन करते हुए आगे बढ़ते हैं। इनकी रचनाओं में दलित शोषित संवर्ग को विशेष स्थान मिला है।

प्रमुख कृतियाँ : चित्रा मुद्‌गल के अब तक तेरह कहानी संग्रह, तीन उपन्यास, तीन बाल उपन्यास, चार बाल कथा संग्रह, पाँच सम्पादित पुस्तकें प्रकाशित हो चुकी हैं। उपन्यास 'आवाँ' आठ भाषाओं में अनूदित तथा देश के 6 प्रतिष्ठित सम्मानों से अलंकृत है। चित्रा जी की प्रमुख कृतियाँ इस प्रकार हैं—

उपन्यास : एक जमीन अपनी, आवाँ, गिलिगडु।

कहानी संग्रह : भूख, जहर ठहरा हुआ, लाक्षागृह, अपनी वापसी, इस हमाम में, ग्यारह लम्बी कहानियाँ, जिनावर, लपटें, जगदंबा बाबू गाँव आ रहे हैं, मामला आगे बढ़ेगा अभी, केंचुल, आदि-अनादि।

लघुकला संकलन : बयान।

कथात्मक रिपोर्ताज : तहखानों में बन्द।

लेख : बयार उनकी मुट्ठी में।

बाल उपन्यास : जीवक, माधवी कन्नगी, मणिमेख।

नवसाक्षरों के लिए : जंगल।

बालकथा संग्रह : दूर के ढोल, सूझबूझ, देश-देश की लोक कथाएँ।

नाटय रूपान्तर : पंच परमेश्वर तथा अन्य नाटक, सद्गति तथा अन्य नाटक, बूढ़ी काकी तथा अन्य नाटक।

सम्मान और पुरस्कार : चित्रा मुद्गल को उनके उपन्यास 'आवाँ' के लिए 2003 में 'व्यास सम्मान' दिया गया था। वे तेरहवाँ 'व्यास सम्मान' पाने वाली देश की प्रथम लेखिका हैं। इसके अतिरिक्त उपन्यास 'आवाँ' के लिए चित्रा जी को इंग्लैंड का 'इन्दु शर्मा कथा सम्मान पुरस्कार' और दिल्ली अकादमी के 'हिन्दी साहित्यकार सम्मान पुरस्कार' सहित अनेक सम्मान भी प्राप्त हुए हैं। सम्प्रति दिल्ली में निवासित होकर वे सतत साहित्य सृजन में लगी हैं। चित्रा मुद्गल को 'उदयराज सिंह स्मृति पुरस्कार' से सन् 2010 में सम्मानित किया गया था।

डोमिन काकी : पाठ-परिचय

जाति भारतीय समाज की केन्द्रीय सच्चाई है। भारतीय समाज जाति के आधार पर ही सोचता और जीता है। जाति तथा जातिगत ऊँच-नीच मानना जैसे यहाँ एक महत्त्वपूर्ण संस्कार है। ऊँचे से ऊँचा तक तथा नीचे से नीचा समझा जाने वाला भी जाति से चिपका है।

यह एक ऐसी व्यवस्था है जहाँ व्यक्ति एक जाति में जन्म लेता है और उसी में मर खप भी जाता है। जाति उसकी पीछा कभी नहीं छोड़ती। वह सदैव उससे जुड़ी रहती है। जाति को मानने का एक सामान्य-सा संस्कार है अछूतपन का व्यवहार।

समाज की तथाकथित ऊँची समझी जाने वाली जाति के लोग नीची कही जाने वाली जाति के लोगों को छू लेना पाप समझते हैं। यह अजीब व्यवस्था है कि मेहनतकश व्यक्ति अछूत है किन्तु उसकी मेहनत औने-पौने में ले ली जाती है।

मेहनतकश का परिश्रम धार्मिक तथा सामाजिक रीति-रिवाज के नाम पर हड़पने की यह साजिश सदियों से इस देश में चली आ रही है। जिस तरह एक पीढ़ी अपने ज्ञान, हुनर व कलाकारी को अपनी अगली पीढ़ी को सिखा-समझा देती है वैसे ही जातिगत भेदभाव तथा शोषण को लोग पीढ़ी-दर-पीढ़ी अपने बच्चों को सिखाते चले जाते हैं। इसी कारण जातिवाद जीवित है। बच्चा यदि परिवार से गुण सीखता है तो अवगुण भी सीखता है। और यदि कोई बात या

रिवाज बहुत बड़ी धार्मिक परम्परा के तौर पर सिखाई समझाई जाये तो वह एक बहुत बड़ी सच्चाई के तौर पर उसके भीतर बैठ जाती है।

पाठ-सार

'डोमिन काकी' एक लघु-कथा है। यह डोम जाति की एक महिला पर आधारित है जो घरों में सफाई का काम करती है। डोम एक ऐसी जाति है जो उत्तर भारत के उत्तर प्रदेश, बिहार आदि में रहती है तथा अनुसूचित जाति में आती है। डोम पुरुष अधिकांश मृत देह का अन्तिम संस्कार करवाने का काम करते हैं। डोम स्त्रियाँ सवर्णों के घरों में साफ-सफाई का कार्य करती है। यह एक समाज प्रदत्त कुप्रथा है जो इन पर जबरन लाद दी गयी है। इतने कठिन श्रम के बाद इनको मिलता है बासी, जूठन का भोजन, उतरन तथा बचा अनाज इत्यादि।

यह विडम्बना की बात है कि इनके प्रति सम्बोधन 'काकी', 'काका' इत्यादि घरेलू से होकर भी बर्ताव व्यवहार अमानवीय होता है। प्रस्तुत लघुकथा में भी यही है एक छोटी बच्ची जो डोम स्त्री को 'डोमिन' सम्बोधन से पुकारती है तो दादी उसे तमाचा मार देती है कि 'डोमिन रिश्ते में काकी लगती है'। छोटी बच्ची ऐसा ही मन में बिठा लेती है। जब वह उसे उसके परिश्रम के बदले अनाज आदि देती है तो 'छू' जाती है। दादी देख लेती है और इस पर भी थप्पड़ मारती है कि 'बेशऊर छू लिया तूने रतनी को' और गंगाजल से स्नान करवाती है।

एक मासूम बालिका के दृष्टिकोण से हम समझ पाते हैं कि एक व्यक्ति जो दिन-रात हमारे लिए परिश्रम करता है 'काका', 'काकी' सम्बोधन से हम उसका और ज्यादा शोषण करते हैं, फिर वह अछूत कैसे हो गया? उसे छू कर हम अपवित्र कैसे हो गये? लघुकथा भारत की महाकथा प्रस्तुत करती है।

शब्दार्थ : डोमिन काकी

पहला दर्जा–प्रथम कक्षा; **कौतुक**–हैरानी; **उपजाने**–पैदा करने; **खटोले**–छोटी चारपाई; **कठोते**–कटोरा; **दहलीज**–दरवाजा; **डोमिन**–डोम जाति की स्त्री, जो सफाई के काम से जुड़ी है; **हमउम्रों**–अपनी उम्र के बराबर; **प्रत्युत्तर**–जवाब; **असीसा**–आशीर्वाद दिया; **कोंछ**–झोला; **टोकनी**–पीतल का मटका; **पनेथिया**–रोटियाँ; **बेशऊर**–बदतमीज।

डोमिन काकी

चित्रा मुद्गल

गाँव आती रहती थी गर्मियों की छुट्टियों में। अब की आयी तो छह बरस की उम्र में पहला दर्जा पास कर। गाँव का जीवन अब उसमें कौतुक उपजाने लगा था। दादी खटाले पर बैठी कठोते में रखी लाल मिर्चियों का ढेंपुर तोड़, सींक से उसमें मसाला भर रही थी। वह मोटी-मोटी लाल मिर्चियाँ छूने को हुई कि दादी ने उसे बरज दिया, ''मिर्चों में हाथ मत दे देना बिट्टो! आँख-नाक छू गये कि आग लग जायेगी। ततैया सी नाचती फिरेगी घर-घर में।"

तभी उसकी नजर दहलीज पार कर आँगन में घुसती हुई डोमिन पर पड़ी। डोमिन अटारी पर बनी टट्टी और आँगन से लगे नर्दवा को साफ करने आयी थी।

खटोले से लगी खड़ी वह उचककर चिल्लाई, "ददिया! ददिया! देखो डोमिन आयी है।"

चुटकी में दबी मिर्च छोड़ दादी ने तड़ाक से उसके गाल पर तमाचा जड़ा, "कब सीखेगी मान टान...ऐसे बुलाते हैं बड़ी-बूढ़ियों को! रिश्ते में रतनी तेरी काकी लगती है काकी। डोमिन काकी कहा कर इसे, समझी!"

उसकी आँखों से भल्ल-भल्ल आँसू चूने लगे। बिना मारे भी तो गलती सुधारी जा सकती थी। उसे क्या मालूम कौन उसका क्या लगता है, क्या नहीं?

हफ्ता बीत गया। फिर से डोमिन काकी से सामना हुआ। हमउम्रों के साथ वह आँगन में गिटक खेल रही थी।

नजर पड़ते ही उसने मुस्कराकर हाथ जोड़ दिये प्रत्युत्तर में डोमिन काकी ने दोनों हाथ उठा उसे असीसा।

काम से निबट डोमिन काकी कोंछ के लिए नहा पर आकर बैठी ही थी कि उसके खेल में व्यवधान डालते हुए दादी ने उसे पुकारा, "तनिक इधर तो आ बिट्टो?"

उसके निकट आते ही उसके नन्हे हाथों में अनाज भरी टोकनी पकड़ा कर,

ऊपर कलेवा के लिए बासी पनेथियाँ रख दादी ने आदेश दिया, "जा, सरियर के ले जा बिट्टा और रतनी के कोंछ में डाल आ।"

उसे पास आता देख प्रसन्न डोमिन काकी ने अपना कोंछ पसार दिया।

सावधानीपूर्वक उसने टोकनी उलट दी उनके कोंछ में फिर भी दो-चार मुट्ठी अनाज कोंछ से बाहर छिटक गया।

टोकनी जमीन पर टिका वह अनाज बटोरने में डोमिन काकी का हाथ बटाने लगी।

अचानक झपटती हुई सी दादी आयी और उसके गाल में तमाचा जड़ चिल्लाई, "बेशऊर मूरख, छू लिया तूने रतनी को?"

उसकी सिसकन की उपेक्षा करती हुई दादी उसे नहान घर की ओर खींच ले गयी और वहीं से उन्होंने बड़ी काकी को पुकारकर दोनों के ऊपर गंगाजल छिड़कने और दो बाल्टी पानी स्नान के लिए रख देने को कहा।

स्वयं नहा लेने और उसे नहला देने के बावजूद दादी का गुस्सा शान्त नहीं हुआ। चेतावनी देती हुई सी बोली, "आइन्दा खयाल रहे बिट्टो, रतनी को कुछ भी देने के लिए कहूँ तो ऊपर से कोंछ में फेंक देना, खबरदार उसे छूना मत...।"

सहमी हुई सी वह दौड़कर बड़ी काकी की गोद में छिप गयी। अबोध मन में प्रश्न कील सा ठुक गया। बड़ी काकी की गोद में वह मुँह दिये बैठी है, दादी ने खींचकर उसे थप्पड़ क्यों नहीं मारा?

प्रदीप पन्त

अप्रैल, 1941 में हल्द्वानी, जिला नैनीताल में जन्मे प्रदीप पन्त की शिक्षा-दीक्षा लखनऊ में हुई।

प्रदीप पन्त का व्यंग्य उपन्यास 'महामहिम' अत्यन्त चर्चित रहा है जिसका मराठी में अनुवाद हुआ और कुछ अन्य भाषाओं में हो रहा है। उनके तीन अन्य उपन्यास भी प्रकाशित हुए हैं। उनकी प्रकाशित रचनाएँ निम्न हैं :

व्यंग्य-संग्रह : मैं गुट निरपेक्ष हूँ, प्राइवेट सेक्टर का व्यंग्यकार, सच के बहाने, मीडियाकर होने के मजे, आँगन में कागा बोला तथा अन्य व्यंग्य।

कहानी-संग्रह : चर्चित कहानियाँ, कुत्ते की मौत, आम आदमी का शव, एक से दूसरी, राजपथ का मेनहोल तथा अन्य कहानियाँ।

कन्नड़ में अनूदित कहानियों का संकलन 'न्यायामङ्ख इतहार कथेगलु' शीर्षक से प्रकाशित। देश-विदेश के उनके यात्रा-संस्मरणों की पुस्तकें हैं—सफर-हमसफर, कुछ और सफर, लौटने से पहले, महादेश की दुनिया। लेखों और भेंटवार्ताओं की उनकी दो पुस्तकें—स्त्री और समाज, प्रश्न और प्रसंग प्रकाशित हुई हैं।

यशपाल जन्मशती वर्ष में वे हिन्दी अकादमी, दिल्ली की पत्रिका 'इन्द्रप्रस्थ भारती' के वृहद् यशपाल विशेषांक का सम्पादन कर चुके हैं।

उत्तर प्रदेश हिन्दी संस्थान, अनेक साहित्यिक संस्थाओं तथा हिन्दी अकादमी, दिल्ली ने उन्हें साहित्य, भाषा तथा संस्कृति के क्षेत्र में उल्लेखनीय योगदान के लिए सम्मानित किया है।

चेरापूँजी से आया हूँ... : पाठ-परिचय

दुनिया की एक संस्कृति को दूसरी के करीब लाने वाले प्रारम्भिक यात्री ही थे। इन यात्रियों ने दुनिया का इतिहास ही बदल दिया। जब भारत भ्रमण करने आये यात्रियों ने यहाँ की समृद्धि तथा विशेषताओं को अपने देश में जाकर बताया तो लोग आकर्षित हुए तथा व्यापार आदि सम्बन्धों के मार्ग बने।

वह चाहे ह्वेन साँग हो, फाहियान, इब्नेबतूता या अलबरूनी इत्यादि।

यात्रियों ने सभ्यताओं, संस्कृतियों के मध्य पुल का सेतु का काम किया है। इसके लिए अपार साहस तथा ऊर्जा की आवश्यकता पड़ती है। भारत के सुप्रसिद्ध घुमक्कड़ महापण्डित राहुल सांकृत्यायन ने लिखा है–

'सैर कर दुनिया की गाफिल
जिन्दगानी फिर कहाँ?
जिन्दगानी अगर रही तो
नौजवानी फिर कहाँ?'

इसी भाव के कारण राहुल सांकृत्यायन दुनियाभर में बौद्ध विचारों, ज्ञान तथा संस्कृति का प्रचार-प्रसार करते रहे।

प्रत्येक व्यक्ति सब स्थानों पर नहीं जा सकता। ऐसे में किसी यात्री के यात्रा-वृत्तान्त ही वह माध्यम हैं जिसके द्वारा किसी स्थान के बारे में जाना जा सकता है। समझा जा सकता है।

पाठ-सार

'चेरापूँजी से आया हूँ' यूँ तो एक यात्रा-वृत्तान्त परन्तु इसका शीर्षक लेखक ने एक कविता से लिया है 'चेरापूँजी से आया हूँ/फिर भी प्यासा' किसी व्यक्ति के लिए स्थिति के लिए यह बड़ी विडम्बना है, कि दुनियाभर में सबसे अधिक वर्षा होने वाले क्षेत्र से लौटकर भी व्यक्ति प्यासा है। यह कविता लेखक को चेरापूँजी की यात्रा करते हुए याद आयी।

'मेघालय' की यात्रा करते हुए वहाँ के प्राकृतिक सौन्दर्य तथा सामाजिक स्थितियों, मातृ प्रधान समाज ने लेखक को खूब प्रभावित किया। जब यह वर्णन हम पढ़ते हैं तो हम भी अभिभूत हो जाते हैं। प्राकृतिक सुन्दरता के साथ लेखक बताता है कि मेघालय में खपत से ज्यादा पनबिजली का उत्पादन होता है। अतिरिक्त बिजली अन्य राज्यों को दे दी जाती है। यहाँ का भू-भाग, वन-क्षेत्र, खनिज आदि निजी हाथों में हैं।

मेघालय क्षेत्र की प्राकृतिक सुन्दरता अप्रतिम है। साथ ही वहाँ की पारिवारिक व्यवस्था मातृसत्तात्मक है। सम्पत्ति की मालिक स्त्री है। समाज के हर क्षेत्र में स्त्री का वर्चस्व है। यहाँ का बाजार 'माइती बाजार' कहलाता है। इसमें सभी दुकानदार महिलाएँ होती हैं। यहाँ स्त्रियों के प्रति शोषण इत्यादि की घटनाएँ लगभग नहीं हैं।

यहाँ की प्राकृतिक सुन्दरता में वन क्षेत्र, झरने, जलप्रपात तथा सुन्दर पर्वत शृंखलाएँ हैं। यहीं से बांग्लादेश भी दिखाई पड़ता है। यहाँ संसार की सर्वाधिक

वर्षा होती है। यहाँ झूम खेती होती है। यहाँ उत्सवधर्मी संस्कृति के दर्शन होते हैं। यहाँ समाई गाँव की गुफाएँ हैं जिनका संरक्षण गाँववाले करते हैं। सैलानियों से वे टिकट नहीं लेते। यहाँ के दैवी प्राकृतिक सौन्दर्य को छोड़कर लेखक को दिल्ली आना है। जहाँ भीड़ है, प्रदूषण है।

शब्दार्थ : चेरापूँजी से आया हूँ...

हरीतिमा–हरियाली; **पटा**–भरा हुआ; **सर्पाकार**–साँप जैसा घुमावदार; **दरख्तों**–पेड़ों, वृक्षों; **बूँदाबाँदी**–हल्की बारिश; **खपत**–जरूरत खर्च; **अतिरिक्त**–ज्यादा बचा हुआ; **ताज्जुब**–हैरानी; **निजी हाथों में**–प्राइवेट कर देना; **मुआवजा**–कीमत; **कुहरे**–धुन्ध में; **धवल उज्ज्वल**–सफेद चमकीला; **मातृसत्तात्मक**–माँ की सत्ता, प्रभाव होना; **वर्चस्व**–प्रभाव, असर; **सौदा**–सामान; **बेहिचक**–बिना डरे; **दिलचस्प**–रुचिकर; **बहुविवाह** –कई विवाह; **रुतबा**–असर, सम्मान; **प्रपात**–झरना; **बेरोकटोक**–बिना रुके; **रज्जुमार्ग**–छोटा रास्ता, पुल; **कोहरा**–धुन्ध; **प्रतिष्ठित**–इज्जतदार; **कुलीन**–ऊँचा खानदान; **झूमखेती**–पहाड़ की खेती; **सुदूर**–बहुत दूर; **अतीत**–इतिहास; **छोर**–किनारा; **भूभाग**–जमीन का हिस्सा; **आमदनी**–कमाई; **एक दर्जनभर**–बारह; **महाकस्बा**–शहर से छोटा।

चेरापूँजी से आया हूँ...

प्रदीप पन्त

मेघालय—यानी बादलों का घर।

और मेघालय की राजधानी शिलाँग? एक हरा-भरा पर्वतीय नगर, जहाँ हर वक्त बादल उमड़ते-घुमड़ते रहते हैं। दूर-दूर तक कहीं बर्फ का नाम नहीं, फिर भी अनायास बाबा नागार्जुन की कविता याद आ जाती है—

अमल-धवल गिरि के शिखरों पर
बादल को घिरते देखा है।

इतना बड़ा, स्वच्छ, सुन्दर पर्वतीय नगर अपने उत्तर भारत में कहीं नहीं है। ऐसी हरीतिमा भी शायद ही कहीं देखने को मिले। शिलाँग का मुख्य बाजार अल्मोड़ा के 'लाला बाजार' से मिलता-जुलता है। स्त्री-पुरुषों के चेहरे, नाक-नक्श भी कुछ-कुछ वैसे ही। लेकिन न तो अल्मोड़ा का मौसम ही शिलाँग जैसा सुहाना है, न अल्मोड़ा में शिलाँग जैसी हरीतिमा है।

और शिलाँग से चेरापूँजी की ओर जाता मार्ग? दोनों ओर पहाड़ों और दरख्तों से पटा पड़ा है यह ऊँचा-नीचा सर्पाकार रास्ता। रास्ते को पार करते हुए दिखाई पड़ते हैं बादल, बहती है सुहानी हवा और कभी-कभी हो जाती है बूँदाबाँदी।

हमारी जीप शिलाँग से 53 किलोमीटर दूर चेरापूँजी की ओर बढ़ रही है। मेरे साथ राज्य के एक अधिकारी श्री संगमा और उनके दो दोस्त बैठे हैं। चलते हुए उन्होंने परिचय कराया था, लेकिन मैं उनके नाम नहीं समझ सका। मैं जीप की खिड़की बन्द करते हुए संगमा से पूछता हूँ, "क्या साल भर यहाँ वर्षा होती रहती है?"

"जी हाँ।" संगमा कहते हैं और पानी की चर्चा होने पर याद करते हुए-से फिर कुछ रुक कर बताते हैं, "आपको जानकर ताज्जुब होगा कि मेघालय में खपत से ज्यादा पनबिजली का उत्पादन होता है! हम अतिरिक्त बिजली अन्य राज्यों को दे देते हैं।"

"ऐसा?" मैं सचमुच आश्चर्य से पूछता हूँ।

"लेकिन," वह कहते हैं, "आपको यह जानकर ताज्जुब होगा कि हमारे पचास प्रतिशत से भी कम गाँवों में बिजली पहुँची है।"

मैं चकित हूँ। संगमा से कारण जानना चाहता हूँ।

वह मुस्कराते हुए कहते हैं, "यहाँ ज्यादातर भू-भाग, वन-क्षेत्र और खनिज वस्तुएँ वगैरह निजी हाथों में हैं—आदिवासियों के हाथों में। अगर उनके इलाके में बिजली ले जाओ तो वे इस सुविधा का लाभ उठाने के बजाय सरकार से मुआवजा माँगते हैं।"

"मुआवजा? किस चीज का?" मैं पूछता हूँ।

संगमा समझाते हैं, "मान लीजिए, सरकार गाँवों तक बिजली पहुँचाने के लिए खम्भे लगाना चाहती है। जिस-जिस की जमीन पर ये खम्भे लगेंगे, वे लोग कहेंगे कि इसके एवज में हमें मुआवजा दिया जाये। अजीब तर्क है उनका कि बिजली लाने के लिए उनकी जमीन का इस्तेमाल किया जा रहा है।"

सचमुच अजीब तर्क है। सुन कर हँसी आती है। और रहस्य समझ में आता है कि मेघालय में खपत से ज्यादा बिजली क्यों होती है? और क्यों अतिरिक्त बिजली आसपास के राज्यों को दे दी जाती है? वैसे यदि यहाँ सभी गाँव बिजली से जगमगा उठें, तो भी अतिरिक्त बिजली का उत्पादन होता रहेगा।

हम पहाड़ों को निहारते हुए चेरापूँजी की ओर बढ़ रहे हैं। सड़क के उस पार पहाड़ी कुहरे से घिरी हुई है। कुछ नहीं दिखायी देता—सिवा धवल-उज्ज्वल कुहरे के। या फिर कहीं-कहीं कुहरे को चीरते हुए कुछ चोटियाँ और वृक्ष नजर आते हैं।

तीन पर्वतीय अंचलों में बँटा हुआ है मेघालय—खासी पर्वत, गारो पर्वत और जयंतिया पर्वत। और इन्हीं तीन पर्वतीय अंचलों से बने हैं पाँच जिले—पूर्वी खासी पर्वत जिला, पश्चिमी खासी पर्वत जिला, पूर्वी गारो पर्वत जिला, पश्चिमी गारो पर्वत जिला और जयन्तिया पर्वत जिला। हर अंचल की अपनी अलग संस्कृति है, रीति-रिवाज, पर्व-उत्सव हैं, लेकिन हर कहीं पारिवारिक व्यवस्था मातृसत्तात्मक है—भूमि, धन, सम्पत्ति सब माँ से बेटी को मिलती है।

"मातृसत्तात्मक व्यवस्था होने के कारण यहाँ नारी शोषण की वैसी घटनाएँ नहीं होतीं, जैसी कि देश के अन्य भागों में देखने-सुनने को मिलती हैं।" संगमा कहते हैं।

स्त्री का यहाँ वर्चस्व है, यह अहसास गुहावाटी से मेघालय की सीमा में घुसने के साथ ही होने लगता है। तमाम दुकानों पर स्त्रियाँ सौदा बेचती और बेहिचक बतियाती दिखायी देती हैं। शिलाँग में भी उन्हें दुकानों पर बैठे देखा

जा सकता है। शायद, कमोबेश यह स्थिति पूर्वोत्तर के अन्य राज्यों में भी है, भले ही वहाँ मातृसत्तात्मक परिवार व्यवस्था न हो। कुछ साल पहले मणिपुर की राजधानी इम्फाल में भी यही सब देखा था। स्त्रियों का एक पूरा का पूरा बाजार ही है वहाँ, जिसे 'माइती बाजार' कहते हैं—यानी माँ का बाजार। दिन-दोपहर हुई नहीं कि सिर पर सब्जी, कपड़ों या अन्य सामान के टोकरे रखे स्त्रियाँ भी इस बाजार में आ पहुँचती हैं। दिन भर सामान की बिक्री कर शाम को अपने-अपने घट लौट पड़ती हैं। किसी प्रकार का वर्गभेद नहीं। यानी अमीर घरों की स्त्रियाँ भी इस 'माइती बाजार' में मिल जायेंगी और गरीब घरों की स्त्रियाँ भी। और यह बाजार केवल इम्फाल में ही नहीं है, मणिपुर के हर नगर, कस्बे, गाँव में है—वहाँ की संस्कृति का एक अटूट सिलसिला।

बड़ी दिलचस्प बात बताई थी इम्फाल में मिली एक महिला ने जो लखनऊ की रहने वाली थी और जिसका लखनऊ विश्वविद्यालय के विधि संकाय के एक मणिपुरी छात्र से प्रेम हो गया था। यह छात्र शिक्षा पूरी करके इम्फाल लौटते समय इस महिला को अपनी पत्नी बना कर साथ ले आया था। इस उत्तर भारतीय पत्नी ने जब अपनी सास को सवेरे-सवेरे सिर पर टोकरा रख कर बाजार जाते देखा तो एक दिन, दो दिन, तीन दिन बीत जाने के बाद आखिर एक दिन उसे टोकरे के साथ सामान बेचने बाजार जाने से रोक दिया। सास चेहरे पर उदासी लिए दो-चार दिन रुकी रही, पर आखिर एक दिन वह फिर 'माइती बाजार' की ओर चल ही दी। यह घटना धीरे-धीरे सास-बहू के बीच टकराव का कारण बन गयी। अंततः एक दिन इस उत्तर भारतीय महिला के मणिपुरी पति ने उसे समझाया, "इसके पीछे कोई आर्थिक मजबूरी नहीं, माइती बाजार हमारी समाज-व्यवस्था का, हमारी संस्कृति का सदियों पुराना अंग है। माँ को वहाँ जाने दो, उसे रोको नहीं।"

इम्फाल के काँचीपुर में स्थित मणिपुर विश्वविद्यालय के हिन्दी विभाग में आयोजित एक साहित्यिक सम्मेलन में मिली इस उत्तर भारतीय महिला ने हँसते हुए हम लोगों से कहा था, "अगर आप लोग चाहें तो माइती बाजार में मेरी सास से आज शाम की सब्जी खरीद सकते हैं।"

हम लोगों को जहाँ ठहराया गया था, वहाँ रसोइया अच्छी सब्जी नहीं बनाता था, इसलिए भाई कमलेश्वर की पत्नी गायत्री जी ने कहा, "आज शाम बाजार से सब्जी खरीद कर खाना हम लोग बनाएँगे—मैं और नीलम सराफ।"

और हम लोग—दिल्ली से भाई कमलेश्वर, धर्मेन्द्र गुप्त, मैं, जम्मू से आयी हिन्दी की प्राध्यापिका डॉ. नीलम सराफ और उनके पति, आरा से आये मधुकर सिंह, मद्रास से आये शौरिराजन, पटियाला से आये डॉ. पुष्पपाल सिंह आदि—तब

इम्फाल के 'माइती बाजार' की ओर चल दिये थे। हमारे साथ मणिपुर विश्वविद्यालय में हिन्दी के प्रोफेसर और कथाकार जवाहर सिंह, वहीं एक कालेज में प्रिंसिपल डा. शुक्ला और उनकी शिष्या यह उत्तर भारतीय महिला। और सचमुच 'माइती बाजार' में सामान बेचती हुई दिखायी दी थीं महिलाएँ, केवल और केवल महिलाएँ। उन्हीं के बीच सब्जियों की दुकान सजाये बैठी थी इस उत्तर भारतीय महिला की मणिपुरी सास।

लेकिन मणिपुर में महिलाओं की स्थिति उतनी अच्छी नहीं है। पुरुष का बहु-विवाह करना आम बात है—कई बार 'स्टेटस सिम्बल' जैसा। जो पुरुष जितनी ज्यादा पत्नियाँ रख सके, उसका समाज में उतना ही रुतबा है।

"इस माने में मेघालय की स्थिति भिन्न है, क्योंकि यहाँ मातृसत्तात्मक परिवार व्यवस्था है।" संगमा कहते हैं।

और तभी एक मोड़ निकलने पर चेरापूँजी का छोटा-सा बाजार दिखायी पड़ता है। और इस बाजार में भी दुकानों पर बैठी हैं महिलाएँ—फिर चाहे दुकान फल-सब्जियों की हो या पान-बीड़ी-सिगरेट की।

हम आगे बढ़ जाते हैं।

अब आ गया है मॉसमाई गाँव।

कुछ आगे बढ़ कर संगमा ने जीप रुकवा दी है। हम सभी नीचे उतर गये हैं। सामने दिखायी पड़ रहा है नोहशंगथियांग प्रपात जो मॉसमाई प्रपात के नाम से लोकप्रिय है। पास ही एक पर्यटक बस खड़ी है। उससे उतर कर कुछ दक्षिण भारतीय इस अद्‌भुत प्रपात को निहार रहे हैं। ऊँचे पहाड़ से सैकड़ों फुट नीचे पानी लगातार, बेरोकटोक गिर रहा है। लगातार-लगातार गिरता चला जा रहा है—जाने कब से, कितनी सदियों से इस प्रपात से पानी निरन्तर झरता रहता है और कलकल करता हुआ बंगला देश की ओर चला जाता है।

"वह देखिए, सामने रहा बंगला देश।" संगमा के साथियों में से एक कहता है।

हालाँकि सामने हल्का कोहरा है, लेकिन पानी में डूबा हुआ-सा बंगला देश का कुछ मैदानी भाग नजर आ जाता है।

अभी-अभी, जब जीप से उतरे थे, हल्की धूप थी और अभी, क्षण भर बाद ही, बादल घिरे और हल्की-हल्की वर्षा होने लगी। मैं संगमा के आगे अपना पुराना सवाल दुहराता हूँ, "क्या साल भर यहाँ वर्षा होती रहती है?"

संगमा हँसते हुए कहते हैं, "पन्त साहब, यह चेरापूँजी है।"

हाँ, खयाल आया, यह चेरापूँजी है—समुद्र की सतह से कोई तेरह सौ मीटर ऊपर, जो विश्व में सबसे अधिक वर्षा वाले स्थान के लिए प्रसिद्ध है।

बहुत पहले पढ़ी एक कविता याद आ जाती है—

'चेरापूँजी से आया हूँ,
फिर भी प्यासा।'

हम लोग कभी कलकल-छलछल करते प्रपात को निहार रहे हैं, कभी पानी से घिरे देश के भू-भाग को।

आसपास चाय-पानी की दो-चार छोटी-छोटी दुकानें हैं। हल्की-हल्की ठण्ड लगने लगी है। हम लोगों ने स्वेटर पहन लिए हैं और एक दुकान से लेकर चाय पीने लगे हैं।

वर्षा फिर बन्द हो गयी है।

धूप फिर खिल आयी है।

इसी तरह वर्षा, धूप, कोहरे की लुका-छिपी का खेल चलता रहता है यहाँ—जी हाँ, इस चेरापूँजी में, खासी पर्वत-शृंखलाओं के इस शान्त-एकान्त सौन्दर्य-स्थल में।

मन करता है, प्रपात को बस निहारते रहो। केवल निहारते ही न रहो, बल्कि उसके जल-कणों को नजदीक से छू लो। लेकिन नजदीक जाने का कोई रास्ता नहीं है। और यह अच्छा ही है कि मेघालय सरकार ने इस प्रपात तक जाने का कोई रज्जुमार्ग नहीं बनाया। बनाया होता तो पर्यटन-स्थलों को कमाई के अड्डे में बदल देने वाले तथाकथित 'टूरिस्ट प्रमोटर' इस अछूत प्राकृतिक सौन्दर्य-स्थल को नष्ट करने में कोई कसर न रख छोड़ते।

उधर बंगला देश की तरफ भी अब कोहरा कुछ कम हो गया है।

बंगला देश का भूभाग अब कुछ ज्यादा स्पष्ट दिखायी पड़ रहा है।

और हम लोग अब जीप में बैठ कर लौट रहे हैं।

संगमा रास्ते में खासी, जयन्तिया और गारो पहाड़ियों के लोगों के बारे में बताने लगते हैं। वह कहते हैं, "खासियों को यहाँ सम्मान की दृष्टि से देखा जाता है। यानी जो खासी है, वह समझ लीजिए कि समाज का प्रतिष्ठित व्यक्ति है।"

"आप..." मैं पूछता हूँ।

"जी हाँ, मैं भी खासी ही हूँ। और मेरी पत्नी भी।" संगमा हँसते हुए कहते हैं।

"मैं भी उत्तर प्रदेश के उच्च कुलीन पर्वतीय परिवार से ही हूँ।" हँसते हुए कहता हूँ।

और फिर हम दोनों ठहाका लगाकर हँस पड़ते हैं।

हमारा यह ठहाका हम दोनों पर ही व्यंग्य है।

"कहा जाता है कि जो पहले मंगोलियाई भारत आये, खासी और जयन्तिया उन्हीं के वंशज हैं। वे इन अलग-थलग पहाड़ियों में आकर बस गये और अंग्रेजों

ने जब तक इस क्षेत्र में पैर नहीं पसारे, तब तक वे अपनी आजादी को सुरक्षित रखते हुए अपना एकाकी जीवन बिताते रहे।" संगमा बताते हैं।

"और गारो?"

"करीब छह लाख गारो लोगों की मातृभूमि हैं गारो पर्वतमालाएँ।" संगमा का कहना है, "आप अक्सर जिस झूम खेती की चर्चा सुनते हैं, उसके लिए यह क्षेत्र काफी चर्चित रहा है।"

दन्तकथा प्रचलित है कि गारो लोग मूल रूप से तिब्बत के एक प्रान्त तोरुआ के निवासी हैं। सदियों पहले अपने सरदारों जप्पा-जालिम्पा और सुकपा बोंगेप्स ने नेतृत्व में वे तोरुआ से निकल पड़े और स्थायी ठिकाने की खोज में कई शताब्दियों तक ब्रह्मपुत्र घाटी में भटकते रहे और वहाँ के क्रूर शासकों के जोर-जुल्म झेलते रहे। कालान्तर में वे कई कबीलों में बँट गये और फिर मुख्य कबीले ने अबोंग नेगा के नेतृत्व में नोकरेक पर अधिकार जमा लिया। नोकरेक, यानी गारो पहाड़ियों की सबसे ऊँची चोटी।

बहरहाल आज यह माना जाता है कि गारो लोग बोडो जाति का एक अंग हैं और यह बोडो जाति तिब्बती-बर्मी जातीय परिवार की एक शाखा है।

छात्र जीवन में समाजशास्त्र का अध्ययन करते हुए कभी खासी, जयन्तिया और गारो पर्वतमालाओं और वहाँ के लोगों के बारे में पढ़ा था और अब, इस पल, अपने को खासी हिल्स में पाकर लगा, उस सुदूर अतीत के सपने में पहुँच गया हूँ। तब मन में उत्सुकता जागी थी, कैसी होंगी वे पर्वतमालाएँ? कैसे होंगे वहाँ के लोग? अब कम से कम खासी पर्वतमालाओं का एक छोर तो देख ही लिया है। और लोग?

याद आता है, बहुत पहले बेलगाँव में एक कर्नाटक निवासी से भेंट हुई थी। मैं कानपुर के क्रान्तिकारी श्री सुरेन्द्र पाण्डे के साथ था। कर्नाटक के ये सज्जन उत्तर भारत घूम कर आये थे और पाण्डे जी को अपने संस्मरण सुना रहे थे। पाण्डेजी ने सहसा उनसे पूछ लिया था, "उत्तर के लोग तुम्हें कैसे लगे?"

"भारत में जहाँ जाओ, लोग सब जगह एक से ही हैं।" उन्होंने कहा था, "हाँ, बोली, पहनावे, नाक-नक्श में थोड़ा-बहुत अन्तर है।"

यह स्वाभाविक ही है। भौगोलिक स्थितियाँ ऐसा अन्तर कर देती हैं। यहाँ इन खासी पर्वतमालाओं के लोग शेष भारतीयों जैसे ही हैं। हाँ, उनके नाक-नक्श, उनके पहनावे उनकी बोली में जरूर अन्तर है। उनके पर्व-त्योहार भी अलग हैं। उनके रंगारंग नृत्यों का अपना सौन्दर्य है। पिछली रात एक समारोह में खासियों का नोंगक्रेम नृत्य देखा था। उनका प्रमुख नृत्य है यह, जो पाँच दिन धार्मिक

उत्सव के अवसर पर किया जाता है। समूह-नृत्य में कई जोड़े स्त्री-पुरुष पाँव थिरक उठते हैं। नृत्य और उत्सव के जरिए शान्ति और सम्पन्नता की कामना की जाती है और अच्छी फसल के लिए ईश्वर को धन्यवाद दिया जाता है। अपने ढंग का अलग नृत्य है यह—अपने अंचल की विविधता को समेटे हुए, लेकिन इसके पीछे उत्तर और दक्षिण भारत के उन नृत्यों जैसी ही भावना निहित है, जो फसल कटाई की खुशी में गाँव-गाँव में आयोजित किये जाते हैं। इसी तरह फसल की बुआई या उसके बाद विभिन्न अंचलों में उत्सव मनाये जाते हैं। जयन्तिया पहाड़ियों में भी ऐसा ही उत्सव आयोजित किया जाता है हर वर्ष, जिसका नाम है बेहडेनखलाम। नाम में भले ही भिन्नता है, किन्तु ऐसे उत्सव देश में हर कहीं मनाये जाते हैं। रात के समारोह में बांग्ला नृत्य भी देखा था—फसल कटाई के हर्षोल्लास का नृत्य। बड़ी-बड़ी लम्बी ढोलकों के आकार वाले वाद्यों को साथ लिये अनेक पुरुष मंच पर आ गये थे। उनके साथ थीं स्त्रियाँ। और फिर अपनी लय में डूबे वे जाने कितनी देर तक नाचते-गाते रहे थे। संगीत की लयबद्ध धारा बह चली थी। संस्कृति की यह परम्परागत अजस्र धारा जाने कितनी शताब्दियों से बहती चली आ रही है—यहाँ, इन पर्वतमालाओं में ही नहीं देश, देश के हर कोने में, जिसका नाम कहीं बैसाखी हो जाता है तो कहीं पोंगल या कहीं कुछ और।

मैं यही सब सोच रहा हूँ कि तभी एक स्थान पर जीप रुकती है। हम उतरते हैं। यह ऊँची पहाड़ी है। नीचे जंगल। संगमा दूर, उस पार इशारा करते हुए कहते हैं, "यह देखिए, यहाँ से बंगला देश और साफ दिखायी दे रहा है।"

वह बिल्कुल ठीक कह रहे हैं। इतना नजदीक है बंगला देश कि विमान से उड़ान भरी जाये तो एक मिनट भी न लगे वहाँ पहुँचने में। वही पानी में डूबा भूभाग, लेकिन इस बार बंगला देश के गाँव की छतें तक साफ दिखायी पड़ रही हैं। बगल में एक गोलाकार विशाल पत्थर है। संगमा बताते हैं, "यह प्राकृतिक शिवलिंग है।"

फिर वह कुछ दूर पर वैसे ही एक अन्य शिवलिंग की ओर संकेत करते हैं।

सचमुच प्रकृति का आश्चर्य हैं ये शिवलिंग।

और आश्चर्य तो मॉसमाई गाँव की गुफाएँ भी हैं।

हमारी जीप इन गुफाओं की ओर बढ़ रही है। तभी कुछ बच्चे हाथों में बिना जली मशालें लिये दीखते हैं।

जीप रुकती है। संगमा अपनी भाषा में इन हँसते-खिलखिलाते बच्चों से कुछ पूछते हैं—शायद यह कि एक मशाल कितने की है?

बच्चे एक साथ उत्तर देते हैं।

और संगमा जेब से दो रुपये के दो नोट निकाल कर उन्हें देते हैं और दो मशालें ले लेते हैं।

"ये क्यों?" मैं पूछता हूँ।

"गुफाएँ इतनी अँधेरी हैं कि आप मशाल या टॉर्च जलाये बिना उनमें प्रवेश नहीं कर सकते।" संगमा का एक साथी कहता है।

और हम गुफाओं के एकदम निकट पहुँच गये हैं।

द्वार के पास ही अँधेरा है। अन्दर तो जाने कितना अँधेरा होगा।

हमने मशालें जला ली हैं।

और हम गुफाओं के अन्दर आगे बढ़ रहे हैं। अगल-बगल, ऊपर-नीचे पत्थर ही पत्थर। अभी ये पत्थर गिर पड़ें तो हम लोगों का किसी को पता तक न चले।

लेकिन संगमा बताते हैं, "सदियों से ये गुफाएँ इसी तरह हैं और दूर, बहुत दूर तक चली गयी हैं।"

कहीं कोई छेड़छाड़ नहीं की गयी है इन प्राकृतिक गुफाओं के साथ। जैसी थीं, वैसी ही रहने दिया गया है।

हम लोग कुछ दूर जाकर लौट पड़ते हैं, जैसे किसी आश्चर्यलोक से लौट रहे हों।

मशालें अब भी जल रही हैं।

हमने उन्हें बुझा कर एक तरफ फेंक दिया है।

संगमा बताते हैं, "ये गुफाएँ गाँव वालों की अपनी सम्पत्ति हैं, लेकिन गाँव वालों ने इन्हें देखने के लिए टिकट नहीं लगाया है। बस, गाँव के बच्चे मशालें बेच कर आठ-दस रुपये रोज कमा लेते हैं। टूरिस्ट सीजन में आमदनी जरूर कुछ बढ़ जाती है।"

अब हम लोग शिलाँग की तरफ लौट रहे हैं। आते समय सड़क के उस पार जो पहाड़ कोहरे में छिपे हुए थे, वे अब साफ दिखायी पड़ रहे हैं। कोहरा छँट गया है। पहाड़ों से बहते हुए एक के बगल एक दर्जन-भर झरने नजर आ रहे हैं। झरनों से गिरते पानी का संगीत चारों ओर गूँज रहा है। इस संगीत और दिल्ली, बम्बई की सड़कों के शोर में अन्तर है। संगीत और शोर में तो अन्तर होता ही है। पर यदि सैकड़ों फुट ऊपर से गिरते पानी की आवाज को शोर भी कहा जाये, तो इस शोर और दिल्ली, बम्बई की सड़कों पर भागते वाहनों के शोर में अन्तर है। मन करता है झरनों के इस शोर और संगीत में सदा-सदा के लिए खो जाओ, लेकिन चाहते हुए भी सम्भव नहीं है। अगले दिन दिल्ली लौटना है—एक महानगर, जो महानगर कम और महाकस्बा अधिक है, जिसे हम रोज

जाने कितनी बार कोसते हैं लेकिन अपने ही फैलाये जाल में फँस कर जहाँ रहने के लिए हम अभिशप्त हैं। अकेला मैं ही नहीं, तमाम लोग, जो देश के कोने-कोने से आकर दिल्ली की भीड़ में खो गये हैं, अपनी पहचान गँवा बैठे हैं। उनके पास अपना कहने को बस केवल अपना 'नाम' ही है। धरती और आकाश से, प्रकृति और उसके आश्चर्यों से उनका सम्पर्क मानो भंग हो गया है।

हम लोग फिर वही ऊँची-नीची, सर्पाकार सड़कों पर हैं। दोनों तरफ कभी पहाड़ आते हैं तो कभी सपाट, हरी-भरी जमीन—खासी पहाड़ के लोगों की जमीन जिस पर उन्होंने खेती की हुई है।

भगवतीचरण वर्मा

भगवती चरण वर्मा का जन्म उत्तर प्रदेश के उन्नाव जिले के शफीपुर गाँव में हुआ था। वर्माजी ने इलाहाबाद से बी.ए., एल.एल.बी. की डिग्री प्राप्त की और प्रारम्भ में कविता लेखन किया। फिर उपन्यासकार के नाते विख्यात हुए। 1933 के करीब प्रतापगढ़ के राजा साहब भदरी के साथ रहे। 1936 के लगभग फिल्म कारपोरेशन, कलकत्ता में कार्य किया। कुछ दिनों 'विचार' नामक साप्ताहिक का प्रकाशन-सम्पादन, इसके बाद बम्बई में फिल्म-कथालेखन तथा दैनिक 'नवजीवन' का सम्पादन, फिर आकाशवाणी के कई केन्द्रों में कार्य। बाद में, 1957 से मृत्यु-पर्यन्त स्वतन्त्र साहित्यकार के रूप में लेखन। 'चित्रलेखा' उपन्यास पर दो बार फिल्म-निर्माण और 'भूले-बिसरे चित्र' साहित्य अकादेमी से सम्मानित। पद्मभूषण तथा राज्यसभा की मानद सदस्यता प्राप्त।

प्रकाशित पुस्तकें

उपन्यास : पतन (1928), चित्रलेखा (1934), तीन वर्ष, टेढ़-मेढ़े रास्ते (1946)–इसमें मार्क्सवाद की आलोचना की गयी थी। अपने खिलौने (1957), भूले-बिसरे चित्र (1959), वह फिर नहीं आयी, सामर्थ्य और सीमा (1962), थके पाँव, रेखा, सीधी सच्ची बातें, युवराज चूण्डा, सबहिं नचावत राम गोसाईं (1970), प्रश्न और मरीचिका (1973) धुप्पल, चाणक्य।

कहानी-संग्रह : मोर्चाबन्दी।

कविता-संग्रह : मधुकण (1932), तदनन्तर दो और काव्यसंग्रह–'प्रेम-संगीत' और 'मानव' निकले।

नाटक : वसीहत, रुपया तुम्हें खा गया।

सबसे बड़ा आदमी : पाठ-परिचय

मध्यकाल ईश्वरों के निर्माण और उनके महिमामण्डन का काल था। आधुनिककाल में सब बातों, वस्तुओं, विचारों का निर्धारण नियन्ता मनुष्य हो गया। सब चीजें

मनुष्य के निमित्त हो गयीं। जीवन में सब कार्य व्यापारों का निर्देशक, संचालक मनुष्य हो गया। मनुष्य ने ही चली आ रही मान्यताओं, परम्पराओं तथा मनुष्य विरोधी शक्तियों को परास्त कर सकने का विचार किया। ईश्वर, राजा तथा समाज के नाम पर मनुष्य द्वारा मनुष्य के शोषण व अन्याय को समाप्त करने वाला मनुष्य ही है। ऐसे मनुष्य प्रत्येक राष्ट्र, प्रत्येक समाज तथा संस्कृति में हुए हैं। अपने कार्यों तथा विचारों से ये मनुष्य कहीं महान, कहीं महात्मा, कहीं योद्धा, कहीं नेता तो कहीं दार्शनिक आदि कहलाये। इन्हीं मनुष्यों के समर्थकों, अनुयायियों ने उनके 'वाद' भी चला दिये।

'वाद' आधुनिक जीवन की एक महत्त्वपूर्ण वैचारिक प्रणाली है। इसमें अपने व्यक्ति, विचार तथा 'वाद' की तो स्पष्ट स्थापना होती है। परन्तु अन्य का निषेध व नकार होता है। यह स्थिति विडम्बना भरी होती है। हम अपने पसन्दीदा चरित्र या व्यक्ति को तो बड़ा मानते हैं, किन्तु दूसरे को नष्ट-भ्रष्ट करने तक पहुँच जाते हैं। आज का हमारा जीवन व्यक्तियों, छवियों, प्रभामण्डलों के निर्माण तथा ध्वंस का जीवन है। एक खास विचारधारा के लोग सत्ता में आते हैं तो वे अपने प्रतीकों का निर्माण तथा दूसरों को नष्ट करते हैं। इसके बाद जो अन्य आते हैं, वे भी ऐसा ही करते हैं। ऐसे में एक वर्ग विशेष होता है जो इन सभी को संचालित, निर्देशित करता रहता है। यह अपने आप में एक बहुत बड़ा कलाकार वर्ग है जो केवल लाभ प्रक्रिया से जुड़ा हुआ है।

पाठ-सार

'सबसे बड़ा आदमी' भगवती चरण वर्मा का एकांकी है। यह एक ही अंक में समाप्त नाटिका है। यह व्यंग्यप्रधान नाटिका है। इसमें बमुश्किल आठ चरित्र या कलाकार हैं। इसमें गजाती नामक व्यक्ति का रेस्टोरेंट है। यहाँ चिरौंजी उसका नौकर है जो चाय बनाता है तथा सबको चाय परोसता है। यहाँ आने वाले ग्राहक बातें, बहस तथा विचार-विमर्श करते हैं। ये लगभग झगड़ा ही करते हैं। इनकी बहस तथा झगड़े का विषय है 'सबसे बड़ा आदमी' कौन?

शंकर नेपोलियन को 'सबसे बड़ा आदमी' मानता है, राधे शैली (अंग्रेजी कवि) को 'सबसे बड़ा आदमी' मानता है। दोनों एक-दूसरे के नायकों की निन्दा करते हैं, अपने की प्रशंसा करते हैं, यहाँ चाय पीने वाले ग्राहक आते रहते हैं। सभी किसी-न-किसी व्यक्ति, विचार तथा 'वाद' के प्रशंसक हैं। मिस्टर वर्मा एडवोकेट हैं जो महात्मा गाँधी के भक्त हैं, शर्मा जी कांग्रेस के कार्यकर्त्ता हैं। कामरेड अहमद एक कम्युनिस्ट हैं। रामेश्वर प्रसाद एक अनजान व्यक्ति हैं। यहाँ

सभी अपने-अपने विचार के लिए झगड़ते हैं। अपने-अपने महापुरुष को 'सबसे बड़ा आदमी' साबित करने के लिए खण्डन-मण्डन करते रहते हैं।

ऐसे में रामेश्वर प्रसाद नामक व्यक्ति भी आता है, जो स्वयं को कलाकार तथा अजीब तरह का व्यक्ति मानता, बताता है। उसके कई रूप हैं जिनका वह संकेत देता है। साथ ही कहता है कि, 'आप लोग जिन लोगों के नाम लेकर लड़ रहे थे वे सभी अजीब तरह के लोग थे, आप अजीब नहीं हैं इसलिए उनकी तारीफ कर रहे थे।' वह कहता है कि 'सबसे बड़ा आदमी' वह है जो दुनिया को कुछ देने की बजाय उससे कुछ वसूल सके। अन्त में वह जब वहाँ से जाता है, सबकी जेबें साफ हो चुकी हैं, यहाँ तक कि गजाती का गल्ला भी।

शब्दार्थ : सबसे बड़ा आदमी

तख्तों–लकड़ी का फट्‌टा; **तनख्वाह**–वेतन; **हृष्ट-पुष्ट**–तगड़ा; **प्याले**–कप; **जनाने**–औरतों जैसा; **कनखियों**–तिरछी नजरों से; **उपासक**–भक्त; **दस्तन्दाजी**–बीच में हाथ देना; **पतन**–नष्ट; **भ्राता**–भाई; **नेस्तनाबूद**–नष्ट करना; **आमादा**–तैयार; **बहरूपिया**–रूप बदलने वाला; **मगरूर**–घमण्डी; **वाकई**–वास्तव में।

एकांकी

सबसे बड़ा आदमी

भगवती चरण वर्मा

गजाती	**दुकानदार**
चिरौंजी	**गजाती का नौकर**
राधे, शंकर	**विश्वविद्यालय के विद्यार्थी**
शर्मा जी	**कांग्रेस के कार्यकर्ता**
मिस्टर वर्मा	**एक वकील**
कामरेड अहमद	**एक कम्युनिस्ट**
रामेश्वर प्रसाद	**एक अनजान व्यक्ति**

(स्थान–गजाती का रेस्टोरां)–(समय–सन्ध्या)

(गजती का रेस्टोरां। सामने वाली दीवार को ढके हुए दो अलमारियाँ कोनों से मिली रक्खी हैं। एक अलमारी में पाव रोटी, मक्खन, शकर, चाय आदि सामान हैं, दूसरी में चीनी के बर्तन, काँटे, छुरी, चम्मच आदि हैं। दोनों अलमारियों के बीच में एक मेज रक्खी है, जिसमें शीशों के ढकने लगे हैं। मेज में केक, मिठाइयाँ आदि हैं। कमरे की दाहिनी दीवार पर तीन दरवाजे हैं जिन पर परदे पड़े हैं। ये दरवाजे सड़क पर खुलते हैं। कमरे की बायीं ओर बीचोबीच एक दरवाजा है जो अन्दर खुलता है। कमरे के बीचोबीच सामने की दीवार की सीध में दो लम्बी-लम्बी मेजें पड़ी हैं, इन मेजों पर तख्तों की जगह सीमेण्ट के टुकड़े जड़े हैं। मेजों के ऊपर इधर-उधर कुर्सियों पड़ी हैं।

दाहिनी तरफ दरवाजे से मिली हुई एक मेज है जिसके सामने एक कुर्सी पड़ी है। उस कुर्सी से मिली हुई एक आरामकुर्सी पड़ी है। आरामकुर्सी की पीठ मेज की तरफ है।

गजाती आरामकुर्सी पर लेटा हुआ एक अखबार पढ़ रहा है। कद नाटा, शरीर दुबला-पतला। स्पोर्ट शर्ट और पतलून पहने है, पैरों से मोजा नदारद, केवल

चप्पल पहने है। दाढ़ी-मूँछ साफ—उम्र 25 वर्ष से 40 वर्ष तक अन्दाजी जा सकती है। चिरौंजी का बायीं ओर बायीं दरवाजे से प्रवेश।)

चिरौंजी

बाबू जी! ...बाबू जी!

गजाती

(अखबार से नजर उठा कर चिरौंजी की ओर देखते हुए) क्यों बे?

चिरौंजी

चाय लै जाई?

गजाती

हाँ! *(अखबार पढ़ने के लिए उठाता है)*

(चिरौंजी दरवाजे तक जाता है)

गजाती

चिरौंजी, इधर आओ!

(चिरौंजी लौटता है।)

गजाती

क्यों जी, आज तुमने एक पाव रोटी में आठ स्लाइसें क्यों निकाली हैं जब कि मैंने बारह निकालने को कहा था?

चिरौंजी

बाबू जी! ...बाबू जी!

गजाती

बाबू जी—बाबू जी क्या कहता है! *(उँगलियों पर हिसाब लगाते हुए)* एक, दो, तीन, सात, आठ—हाँ अभी तक आठ रोटियाँ ज्यादा खर्च हुईं। ये आठ आने तुम्हारी तनख्वाह से काटे जावेंगे।

चिरौंजी

बाबू जी मर जाएँगे।

गजाती

अबे, बाबू जी नहीं मरेंगे, मरेगा तू!

चिरौंजी

अब की दफा बाबू जी माफ करें, आगे से बारह नहीं सोला स्लाइस निकासब!

(बाहर से आवाजें आती हैं...गजाती आवाजें सुनने लगता है)

एक आवाज

तुम मेरी बात नहीं समझते!

दूसरी आवाज

अगर तुम ठीक बात कहो तो वह सब की समझ में आ सकती है!

गजाती

(चिरौंजी से) जा बे, काम कर!

(चिरौंजी जाता है।)

(दाहिनी ओर से शंकर और राधे का प्रवेश। शंकर एक पोलो शर्ट और हाफ पैण्ट पहने है। हृष्ट-पुष्ट खूबसूरत युवक। राधे रेशम का कुर्ता और महीन धोती पहने है। आँखों पर चश्मा—एकहरे बदन का दुबला-सा युवक। राधे और शंकर गजाती के पास वाली मेज के इर्द-गिर्द पड़ी कुरसियों पर आमने-सामने बैठते हैं)

राधे

मिस्टर शंकर, आप शेली को समझे ही नहीं। नेपोलियन की क्या हस्ती जो शेली की समता कर सके।

शंकर

हाँ जनाब, वह पिनपिनाने वाला शेली! उसकी नेपोलियन के साथ तुलना करना नेपोलियन का अपमान करना होगा!

राधे

अच्छा आप बतलाइये कि इतनी ऊँचाई, इतनी गहराई, इतनी पवित्रता, इतना विद्रोह और इतना सत्य जितना शेली की पंक्तियों में है, कहाँ मिलेगा? उसने जो सन्देश संसार को दिया है वह नेपोलियन के बस की बात कहाँ थी? शेली ने हमें प्रेम का मार्ग दिखलाया, उसने बर्बरता और पशुता के उन सिद्धान्तों का खण्डन किया जिनका वह तुम्हारा नेपोलियन प्रवर्त्तक था!

शंकर

देखो जी राधे? शेली ने जो कुछ कहा वह सब पागलपन था। किस पवित्रता और सन्देश की बातें कर रहे हो? इनका दुनिया में कोई अस्तित्व नहीं। नेपोलियन शक्ति का प्रतिनिधि था, और शक्ति ही सत्य है, नित्य है! कल्पना के लोक में जो आदमी विचरता है वह कायर है। इस वास्तविक जगत से मुँह छिपा कर वह कल्पना का जगत बनाता है। आदमी तो वह जो इसी दुनिया को अपनी कल्पना की दुनिया में बदल सके! नेपोलियन में वह ताकत थी, वह व्यक्तित्व था!

राधे

नेपोलियन पशु था!

शंकर

शेली अपाहिज था!

(गजाती अपनी कुर्सी से उठता है और इन दोनों के पास आ कर खड़ा होता है)

गजाती

किस बात पर बहस छिड़ी है? *(मेज के सिरे की कुर्सी पर बैठ जाता है)* चाय मँगाऊँ?

शंकर

दो प्याले चा!

गजाती

(जोर से पुकारता है) तीन प्याले चा! *(राधे से)* हाँ साहेब किस बात पर बहस छिड़ी है?

राधे

मिस्टर गजाती, मिस्टर शंकर नेपोलियन को शेली से बड़ा बताते हैं। शैतान की तारीफ कर रहे हैं फरिश्ते की निन्दा कर के!

शंकर

जी हाँ गजाती साहेब! ये मिस्टर राधे उस जनाने शेली की तारीफ कर रहे हैं, एक बौने की एक दानव से तुलना कर रहे हैं!

(चाय आती है)

गजाती

(सर पर हाथ फेरते हुए और कुछ सोचते हुए) मामला तो बड़ा टेढ़ा है!

राधे

मिस्टर गजाती, आपने आन्द्रे मोराव की 'एरियल' पढ़ी है?

गजाती

ओह, वह एक महान ग्रन्थ है और शेली महान व्यक्ति था!

शंकर

और गजाती साहेब, आपने एबट की लाइफ आफ नेपोलियन पढ़ी है?

गजाती

ओह वह एक महान ग्रन्थ है और नेपोलियन महान व्यक्ति था!

(शर्मा जी का प्रवेश। मोटे से आदमी, खद्दर का कुर्ता-धोती पहने हैं। कांग्रेस शाही झोला कुरसी की पीठ पर लटका देते हैं, टोपी मेज पर रख देते हैं, कुर्सी पर बैठ जाते हैं)

राधे

(चाय पीता हुआ) मिस्टर गजाती, आपकी चा उतनी ही सुन्दर है जितना शेली था!

शंकर

(चाय पीता हुआ) मिस्टर गजाती आप की चा उतनी ही तगड़ी है जितना नेपोलियन था!

(शर्मा जी सतर्क होते हैं, कनखियों से राधे और शंकर को देखते हैं फिर गजाती को इशारे से बुलाते है। गजाती पास जाता है)

शर्मा जी

बन्धुवर एक प्याला चा!

गजाती

(आवाज देते हैं) एक प्याला चा! *(फिर लौटकर जहाँ से उठा था वहीं बैठ जाता है)*

राधे

शंकर मुझे दुख है कि तुम जीवन की महत्ता नहीं समझते!

शंकर

जी हाँ, बेवकूफी से दूर रहना ही ठीक समझता हूँ!

राधे

बेवकूफी! —तुम शैतान के उपासक!

शंकर

देखो राधे! जरा सोच-समझकर! योद्धा का उपासक यदि कुछ क्षणों के लिए स्वयं योद्धा बन जाय तो इसमें कोई आश्चर्य की बात नहीं!

गजाती

मिस्टर शंकर! साधारण बातचीत में इस तरह गरम हो जाना ठीक नहीं!

शर्मा जी

(इन दोनों की तरफ मुखातिब होकर) भ्राताओ, वन्दे! आप लोगों को इस प्रकार कलह करना शोभा नहीं देता!

(दोनों आश्चर्य से उस ओर देखते हैं)

शर्मा जी

क्या मैं यह पूछने की धृष्टता कर सकता हूँ कि आप महानुभावों में विवाद का विषय क्या है?

शंकर

यह झगड़ा हमारा परसनल है, आपकी दस्तन्दाजी की कोई जरूरत नहीं!

शर्मा जी

गाँधी-गाँधी! कितना भयानक पतन हो गया है हमारे नवयुवकों का! वे विशुद्ध मातृभाषा का प्रयोग तक नहीं कर सकते, शिष्ट होना तो दूर रहा!

राधे

मैं अपने अशिष्ट मित्र की ओर से माफी माँगे लेता हूँ।

(मिस्टर वर्मा एडवोकेट का प्रवेश। सफेद पतलून जो काफी मैली हो चुकी है और काला कोट जो अब जवाब देने लगा है, पहने हैं। टाई अस्त-व्यस्त। कालर इतना ऊपर चढ़ गया है कि कमीज और कालर के बीच गरदन साफ दिखलाई देती है)

मिस्टर वर्मा

एक प्याला चा!

(मिस्टर वर्मा के पास खड़े हो कर तीनों सज्जनों को गौर से देखते हैं, ठण्डी साँस भरते हैं और शंकर की बगल में बैठ जाते हैं)

गजाती

(आवाज देता है) एक प्याला चा!

शंकर

राधे, तुमने मुझे अशिष्ट क्यों कहा? मुझसे माफी माँगो!

गजाती

अरे जाने भी दीजिए!

शंकर

नहीं, इन्हें माफी माँगनी ही पड़ेगी!

राधे

(शर्मा जी की तरफ इशारा करते हुए) पहले इनसे माफी मँगवाइए मिस्टर शंकर!

शंकर

(शर्मा जी से) देखिए, आप कौन हैं जो हम लोगों की बातचीत में कूद पड़े? आप माफी माँगिए!

शर्मा जी

मैं सत्याग्रही हूँ! देश का सेवक हूँ! मैंने कभी सरकार तक से माफी नहीं माँगी और जेल चला गया। पिता से लड़ कर घर छोड़ आया हूँ पर उनका फिर मुँह नहीं देखा, और परिणाम यह हुआ कि भूखों मर रहा हूँ! सत्याग्रह करते समय पुलिस ने मुझे डण्डों से मारा, शराब की पिकेटिंग करते समय शराबियों ने मुझे

लातों से मारा और करबन्दी आन्दोलन के समय जमींदारों ने मुझे जूतों से मारा पर मैंने कभी क्षमा प्रार्थना नहीं की!

(शर्मा जी कहते-कहते कुछ अकड़ जाते हैं)

मिस्टर वर्मा

(शंकर से) आप इनके ऊपर मानहानि का मुकदमा दायर कर दीजिए!

शर्मा जी

गाँधी! गाँधी! इन वकीलों के कारण तो हम सब अधःपतन की ओर बढ़े चले जा रहे हैं। वकील साहेब! आपको मानहानि की परिभाषा भी विदित है?

(चिरौंजी चाय लाकर शर्मा जी के सामने रखता है)

राधे

(मिस्टर वर्मा से) आप शायद एडवोकेट हैं?

मिस्टर वर्मा

मुझे एडवोकेट होने का सौभाग्य प्राप्त है!

(छाती पर हाथ रखता है और गरदन झुकाता है)

राधे

आप अच्छे आ गये। हम दोनों में यह तै नहीं हो रहा है कि शेली बड़ा था या नेपोलियन।

शर्मा जी

दोनों ही पतित थे! इस संसार में सब से बड़े हैं महात्मा गाँधी!

मिस्टर वर्मा

महात्मा गाँधी बड़े हैं। उन्होंने अपना जीवन वकील की हैसियत से आरम्भ किया था और बिना वकालत पढ़े कोई आदमी बड़ा हो ही नहीं सकता। न शेली ने वकालत पढ़ी थी, न नेपोलियन ने।

(कामरेड अहमद का प्रवेश)

अहमद

हेल गजाती! चाय!

गजाती

(आवाज देता है) एक प्याला चा!

(थोड़ी देर तक सब चुप रहते हैं। अहमद सब लोगों को ध्यान से देखता है फिर बैठ जाता है)

शंकर

जी हाँ, आप वकील हैं, जरा आपकी हुलिया तो देखिए!

(मिस्टर वर्मा अपना कालर-टाई ठीक करते हैं)

राधे

(शंकर से) देखिए, आप किसी शरीफ आदमी का अपमान मत कीजिए!

अहमद

(हँसता है) वकील और शराफत! मजेदार बात है! *(शर्मा जी से)* कहिए जनाब! वकील और शराफत! इतनी मजेदार बात आपने कभी सुनी?

शर्मा जी

अवश्य भ्राता! आप उचित कथन करते हैं। हमारे देश के एकमात्र नेता और विश्व के एकमात्र महापुरुष महात्मा गाँधी का कहना है कि वकालत छोड़ देनी चाहिए! गाँधी! गाँधी! ये वकील कितने पतित होते हैं!

अहमद

गाँधी! वह 'अहिंसा-अहिंसा' पुकारने वाला गाँधी! वह खुद गलत रास्ते पर चलने वाला और दूसरों को गलत रास्ते पर चलाने वाला गाँधी!

अरे वह खब्ती फकीर—वह महात्मा—क्या कहा? दुनिया का सिर्फ अकेला बड़ा आदमी?

शंकर

खूब कहा! खूब! तो जनाब, आपको जरा देखिए, आप कह रहे थे कि गाँधी नेपोलियन से भी बड़ा है! शर्म नहीं आती!

अहमद

(शंकर से) देखो जी, मुझे जनाब-वनाब मत कहना, वरना आदमी मैं बिगड़ैल हूँ। मुझे सिर्फ कामरेड कहो!

(रामेश्वर प्रसाद का प्रवेश। नाटे कद का दुबला-सा आदमी, शेरवानी और चूड़ादार पैजामा, पैरों में चप्पल। बाल बड़े-बड़े और बिखरे हुए। बैठ जाता है)

रामेश्वर प्रसाद

एक प्याला चा!

गजाती

(आवाज देता है) एक प्याला चा!

शर्मा जी

(कान में उँगली देते हुए) महाशयो, मेरी एक प्रार्थना है कि आप लोग एक देवता का अपमान न करें नहीं तो आप एक भयानक नरक के भागी होंगे!

अहमद

नरक! हा! हा! इस नरक को तो लेनिन ने बहुत पहले ही नेस्तनाबूद कर दिया है!

राधे

दूसरा हत्यारा!

अहमद

क्या कहा—हत्यारा! हाँ अगर हत्यारा कहते हो तो मुझे कोई एतराज नहीं! लेकिन यह तै है कि लेनिन-सा बड़ा आदमी न कभी पैदा हुआ है और न कभी पैदा होगा *(मेज पर हाथ पटकता है)*

रामेश्वर प्रसाद

आप ठीक कहते हैं! लेनिन में बिखरी हुई शक्तियों का प्रबल संग्रह, उनका व्यक्तीकरण, उनकी उग्रता ये सब मिलेंगे! लेनिन! —नियति के क्रम और विकास में उसका प्रमुख हाथ है!

शर्मा जी

घोर पतन है भारतमाता का! देश के कपूतो, तुम अपने देवता, अपने इष्ट देव महात्मा गाँधी को नहीं पहचान रहे हो—धिक्कार है!

रामेश्वर प्रसाद

महात्मा गाँधी देवता थे, इसमें कोई भी शक नहीं। उनकी गणना अवतारों में की जा सकती है!

शंकर

लेकिन ये दोनों नेपोलियन की बराबरी नहीं कर सकते!

रामेश्वर प्रसाद

नेपोलियन हीरो था, हीरो! उसका नाम विश्व के इतिहास में अमर है! अहा हा! वह तूफान की भाँति आया और पतझड़ की भाँति चला गया!

राधे

क्या नेपोलियन शेली से भी बड़ा था?

रामेश्वर प्रसाद

शेली! शेली फरिश्ता था—फरिश्ता! अहा हा! शेली—उसने दुनिया को एक नया सन्देश दिया!—

(चिरौंजी चा का एक प्याला रामेश्वर के सामने रख कर चला जाता है)

रामेश्वर प्रसाद

(चा पीते हुए) ये लोग दानव थे—दानव! मानव-समाज में दानव ही मान पा सकते हैं!

अहमद

(रामेश्वर से) आप शायद शायर हैं!

रामेश्वर प्रसाद

जी हाँ, मैं कलाकार हूँ!

शर्मा जी

आपने कौन-कौन पुस्तकें लिखी हैं?

रामेश्वर प्रसाद

अभी नहीं लिखीं, लिखने वाला हूँ! अभी तो मैं लिखने के लिए मसाला ढूँढ़ रहा हूँ! *(चाय पीता है)*

शंकर

वैसे आपका पेशा क्या है?

रामेश्वर प्रसाद

मेरा पेशा क्या है? क्या आप यह पूछना चाहते हैं कि रोजी कमाने के लिए मैं क्या करता हूँ? *(चा पीता है, सर उठा कर हँसता है)* हा! हा! हा! बड़ा मजेदार सवाल है। तो जनाब इस सवाल का जवाब यह है कि मैं सब कुछ करता हूँ और कुछ भी नहीं करता! मैं घूमता हूँ, मौज करता हूँ, और यही घूमना, मौज करना जिन्दगी है। मैं लोगों को देखता हूँ, उन्हें समझता हूँ—और उसके बाद? उसके बाद की बात न कोई जानता, न कोई जान सकता है!

(चा खत्म कर देता है)

राधे

आप अजीब तरह के आदमी हैं!

रामेश्वर प्रसाद

जी हाँ! मैं अजीब तरह का आदमी हूँ! लेकिन दुनिया में यह जरूरी है कि हरेक आदमी अजीब तरह का हो! दुनिया में यह जरूरी है कि अजीब तरह का आदमी बना जाय! और जो अजीब तरह का आदमी नहीं बन सकता वह दुनिया में बढ़ भी नहीं सकता! समझे! *(उठता है, चल कर अहमद के पीछे खड़ा होता है)* आप लोग जिन-जिन लोगों के नाम ले रहे थे वे सब अजीब तरह के आदमी थे न! *(चलकर मिस्टर वर्मा के पास रुकता है)* और आप लोग चूँकि अजीब तरह के आदमी नहीं हैं, इसलिए इन लोगों की तारीफ करते हैं, इन लोगों पर लड़ने के लिए आमादा हो जाते हैं। लेकिन मैं एक बात जानता हूँ, बड़ा वह है जो दुनिया को देने के बजाय उससे वसूल कर सके। *(शर्मा जी के पास खड़ा होता है)* इन सब लोगों ने दुनिया से वसूल ही किया है, दुनिया को दिया कुछ भी नहीं है! *(शंकर के पास खड़ा होता है)* लेकिन मैं समझता हूँ कि वे सब के सब मर गये—और जो मर गया वह समाप्त हो गया! बड़ा वह, जो वसूल कर

सके—रुपया-पैसा, दीन-ईमान सब कुछ आप से छीन सके; और जो मर गया वह कुछ नहीं वसूल कर सकता! आज उसकी कोई हस्ती नहीं और जब उसकी कोई हस्ती नहीं तब उसका नाम ही क्यों? *(गजाती के सामने एकन्नी फेंकता है फिर दरवाजे और मेज के बीच खड़ा होता है)* और इसी से जनाब मैं यह कह सकता हूँ कि आप सब गलती करते हैं। शेली, नेपोलियन, गाँधी, लेनिन—ये सब के सब नाम हैं, केवल नाम! इन सबों से बड़ा, कहीं बड़ा मैं हूँ—अभी आप लोगों पर यह साबित हो जायेगा! अच्छा दोस्तो सलाम!

(जाता है)

शंकर

मैं तो समझता हूँ इसका दिमाग खराब हो गया है!

अहमद

(हँसता हुआ) बहुरूपिया था!

मिस्टर वर्मा

मगरूर लौण्डा!

शर्मा जी

वह हमारी दया का पात्र है!

राधे

लेकिन बोलता खूब था!

शंकर

चलो जी राधे! अभी हमारा मामला तै नहीं हुआ!

(शंकर उठता है और राधे भी उठता है। दोनों अपनी जेबों में हाथ डालते हैं और निकाल लेते हैं।)

शंकर

मेरा पर्स गायब है!

राधे

मेरी तो जेब ही गायब है! *(कुरते की जेब दिखाता है)*

मिस्टर वर्मा

(एक के बाद एक अपनी सब जेबें देखते हैं) अरे—एक हफ्ते बाद आज पाँच रुपये का नोट मिला था, वह भी उड़ गया!

शर्मा जी

अरे! मेरा झोला कहाँ गया? आज ही 50 रुपये चन्दे के लाया था—उसमें पड़े थे।

अहमद

ऐं मेरी जेब से रुपये कहाँ गये?

(सब एक दूसरे का मुँह देखते हैं।)

गजाती

(सामने से इकन्नी उठा कर) ऐं—कैश बाक्स भी नदारद! ...दोस्तो मेरी राय है कि वह साहेब वाकई सबसे बड़े आदमी थे!

(पटाक्षेप)

□□